# 中國大陸對台灣次區域合作的戰略與政策

## 以「平潭綜合實驗區」實徵研究為例

邱垂正・著

# 自 序

　　繼2014年「海峽西岸經濟區與粵港澳合作框架綜論」一書出版後，在許多師長好友鼓勵下，基於作者在金門大學任教研究的地緣關係，繼續本書「中國大陸對台灣次區域合作的戰略與政策」寫作計畫，特別是自2011年到2015年作者每年都至中國福建省「平潭綜合實驗區」實地進行調研與座談，這段時間正逢中國大陸大肆宣傳平潭政策，得以「平潭綜合實驗區」發展觀察，來印證兩岸推動次區域合作所需要的主客觀條件，並以客觀態度看待平潭特殊政策的規劃、執行與成效，以及評估其對台灣政治、經濟與社會影響。

　　本書順利完成，首先要感謝2013年科技部（國科會）給予相關專題研究補助[1]，讓作者有機會帶著學生們至中國大陸進行實地考察研究，對「海西區」、「平潭綜合實驗區」與「福建自貿區」的開發發展，有親眼目睹的機會與實地訪談的經驗，也已有碩士生以「海西區」或「平潭島」為題完成碩士論文。特此，表達由衷謝忱。

　　台灣在區域主義（Regionalism）下，國際區域經濟整合遭逢北京當局刻意圍堵，致使台灣社會對未來經濟出路瀰漫著被邊緣化的不安與疑慮。另方面，北京當局與福建地方政府正積極推動

[1] 本書順利完成主要得力於2013年科技部補助專題研究：中國大陸對台灣次區域經濟合作的戰略與政策觀察——以「平壇綜合實驗區」的實徵研究為例（102-2410-H-507-003-）。

兩岸次區域合作（Sub-regionalism）戰略佈局與政策落實，透過地緣優勢與特殊政策，加強對台灣經濟社會的對接與吸納，因此，台灣面臨的是中國大陸對台灣區域主義的「圍堵」以及強化兩岸次區域主義的「吸納」，在北京當局「圍堵與吸納」戰略與政策操作下，台灣如何突破國際區域整合的阻撓與障礙，有效因應兩岸次區域合作的挑戰與機會，是現階段台灣面臨未來生存發展的嚴肅課題。

中國與其周邊國家都有進行各式各樣次區域合作，同時中國大陸與台灣、香港、澳門澳所進行次區域合作初步成果也反應在「海峽西岸經濟區」與「粵港澳合作框架」各項政策落實上。這幾年作者在福建「海西區」實地調研，發現「海西區」、「平潭島」，以及2015年即將掛牌的福建「自貿區」，都展現了兩項政策特色，第一、是福建地方政府發展自身經濟所展現高度的積極性，「海西區」規劃就是鼓足發展福建自身的後發優勢，企圖迎頭趕上或縮小與「長三角」、「珠三角」發展差距；第二、是北京中央政府對「海西區」、「平潭島」與福建「自貿區」的規劃與對台優惠措施，往往具內建有北京中央對台工作的戰略思維，目標皆為日後「兩岸統一」奠下有利的條件。因此，以福建「海西區」為主的次區域合作之政策內涵往往具有「地方政府利益需求、中央對台政策目的」雙重元素。

本書延續過去，選擇以中國大陸推動「次區域合作」戰略構想角度，歸納中國大陸與各鄰邊國家與地區的跨境合作案例，觀察合作主體之間的互動與參與，進而分析兩岸次區域合作的機會與挑戰為何？並進而客觀評價現階段「平潭綜合實驗區」實施成效。

　　然而從學術研究觀點，要深入理解中國大陸對台灣次區域合作的規劃與落實的開展，確實需要長期的蹲點研究與充分的實徵考察。然而，本書撰寫過程中，作者雖然曾多次前往平潭實地研究，並赴北京、廈門、福州、香港進行相關多次座談與訪談，釐清了不少概念與困惑，也對政策與宣傳內容反覆探討，往往發現相關文獻、文宣品與宣傳口號與訪談內容或實地觀察頗有出入，為追求客觀事實，本書內容仍以訪談資料與實徵資料為主。因此若無相關文獻引註出處，都有訪談紀錄為憑，惟因訪談資料太過多，為避免佔本書過大篇幅，或基於受訪當事人保密要求，訪談記錄僅節錄少許部分，尚祈讀者見諒。若讀者針對本書主題與內容，歡迎隨時賜教，作者電子郵件：chuichengc@nqu.edu.tw。

　　本書順利出版，要特別感謝國立金門大學社會科學院陳建民院長、警察大學王智盛教授、中華港澳之友協會秘書長張仕賢等專家學者的鼓勵與指導，以及許多中國大陸的學者專家、負責官員們在實地研究過程中，所給予的寶貴指導與協助，並提供本書內容許多精彩、翔實的觀點，本書才得以順利完成。

　　此外，參與本書的實地田野調查的國立金門大學王中聖、蘇柏允、蘇姿綺、王濬、張育茹等同學，長期協助作者投入可觀的心血與辛勞，作者深感教學相長受益匪淺。最後感謝秀威資訊廖妘甄小姐及時完成對本書編排、校對與出版。本書若有任何疏漏與錯誤，則由筆者自行負責。

邱垂正　於淡水紅樹林

2015.2.17

# 目次 │ CONTENTS

# 表目次

# 圖目次

# 第一章　緒論

## 一、問題意識與研究目的

### （一）問題意識

　　自古以來，金廈就是共同生活圈。若不是過去國共戰爭，以及現今雙方中央政府限制，金門廈門雙方經濟合作意願很強，彼此市場誘因早以蠢蠢欲動，若排除雙方中央政府的限制，金廈間不會只限定「小三通」格局，[1]早已洽談要進行所謂「新小三通」：通水、通電、通橋。在兩岸和平前提下，金廈經濟社會各方面自會迅速整合在一起，金廈區域經濟合作發展進程與變化，不僅對金門未來影響很大，對整個台灣也深具有啟示作用。

　　在2008年兩岸關係開始緩和，過去政治外交軍事的對峙衝突逐漸緩和，取而代之，是經濟社會文化等領域擴大交流合作，中共對台戰略中「經濟的成份」有日趨加重趨勢，對台經濟戰略的方案推出，最受矚目便是2009年的「海峽西岸經濟區」與2011年的「平潭綜合實驗區」，雖然早在1980這種經濟特區概念便是中國政府推動改革開放經常運用來達成經濟創新的學習與增長模

---

[1] 金門、廈門地區自唐代以來，常被劃入相同行政區（如同安縣），歷史上具有密切的血緣與文緣關係，兩地從生產要素角度而言，頗具自然經濟區域的發展格局。然而依照台灣兩岸人民關係條例規定，中國大陸事務屬於中央政府職權，非中央政府同意與授權，金門縣政府不得與大陸各級政府展開任何有公權力的合作事宜。因此學術界有所謂「微區域主義」（micro-regionalism）理論（Sasuga,1999:1-10；蔡東杰，2010:86-109），其主要推動者為地方政府，在金廈之間尚處於「醞釀」階段。

式，不足為奇。但在2014年之前兩岸已簽署了21項協議後的「和平發展」新時期，但在全球化的背景下，在2014年之前，兩岸已完成簽署了21項協議，兩岸關係進入了「和平發展」新時期，中共官方主導規劃以「兩岸區域（或次區域）經濟整合模式」，強化與台灣經濟整合，在兩岸經濟緊密對接下，所謂「海峽經濟區」是否會出現？[2]值得學理探討與政策觀察。

我們發現「類似」的整合模式，早已在中國大陸與香港、澳門之間積極地進行，並展開不同層次的整合與具體實驗，例如中港、中澳的次區域經濟合作發展模式，中國與港澳之間經濟整合運作模式與經驗，對兩岸或尤其是台灣而言，具有政策對照的參考價值（如表1）。

表1-1：中國對兩岸三地展開的次經濟合作模式之對照

|  | 香港 | 澳門 | 台灣 |
|---|---|---|---|
| 與中國的協議 | 更緊密的經濟夥伴的安排CEPA | 更緊密的經濟夥伴的安排CEPA | 兩岸經濟合作架構協議ECFA |
| 次區域 | 粵港經濟合作框架 | 粵澳經濟合作框架 | 海峽西岸經濟區 |
| 實驗區 | 深圳前海區 | 珠海、橫琴半島 | 平潭綜合實驗區 |
| 自貿區 | 南沙、前海 | 南沙、橫琴 | 福州、廈門、平潭 |

作者自行製表

2003年香港與澳門與中國簽訂「更緊密的經濟夥伴的安排」CEPA，至今已完成第十一次的補充協議，台海兩岸則在2010年剛簽署兩岸經濟合作協議ECFA，對台灣而言，中港、中澳的CEPA是否對兩岸ECFA具有垂範作用，從制度論

---

[2]  中國大陸將規劃福建全部、浙江、廣東、江西的一部份，規劃為「海峽西岸經濟區」，將台灣島設定為「海峽東岸經濟區」，完成對接整合後，就形成所謂「海峽經濟區」。

（Institutionalism）角度，是否有出現「路徑依賴」（dependent path）（Peters, 1999）參照意涵，以遂行「一國兩制」政治企圖，是台灣方面關注的重點。

在理論意涵方面，中國經濟戰略理論研究，包括經濟運行、國企改革、金融市場、農村發展等等，成果豐碩且非常具有見地。但加入空間因素才剛開始受到重視，亦即區域經濟規劃或次區域合作發展規劃正受到重視，對中國區域經濟發展戰略的規劃原理與實踐成果的歸納整理，將有助對中國政治經濟社會理解，尤其台灣更重視中共官方對台灣區域或次區域合作發展戰略為何？其規劃對台背後政策思考邏輯為何？與香港、澳門模式是否相同？相信將中國區域與次區域合作的戰略構想與實踐經驗的掌握，有助於台灣政府與企業在兩岸宏觀形勢的進一步掌握。

作者任教於金門大學，因地理位置「空間」之便透過「田野調查」方式，就近端詳著「海西區」、「平潭島」、「自貿區」的發展變化，期許對兩岸關係發展做出部分現場觀察，希望能針對兩岸次區域合作的理論與政策，提供有用的發現與建議。

## （二）研究目的

本文主要探討中國近來區域與次區域合作的規劃與發展，以區域整合理論角度來探討兩岸關係發展的意義，並以地緣經濟（Geo-economic）視角，理解中國大陸針對台灣規劃「海西區」、「平潭島」與「自貿區」戰略意圖與政策目的。而對台灣影響的是，這些中共對台戰略規劃與政策是否有達成其所預定的目標，以及對台灣所帶來的機會與挑戰為何？因此，本研究目的具體規劃如下：

## 1. 歸納中國次區域合作發展的理論與實踐

迄今為止，自20世紀80年代末、90年代初冷戰結束後次區域合作現象出現以來，學界對此討論概念如下：在國際學者有「成長三角」（Growth Triangle, GT）、「自然經濟區域」（Nat Economic Territories, NETs）、「次區域經濟區」（Sub-Regional Economic Zones, SREZs）、「次經濟自由貿易區」（Sub-Regional Free Trade Areas, SRFTA）、「跨國經濟區」（Transnational Economic Zone）、「跨國成長區」（Cross-National Growth Zones）、「次區域主義」（Sub-regionalism）、「微區域主義」（Micro-regionalism）等等概念與理論。

基本上這些理論與實踐，應放在同一套檢視標準來探討，包括概念釐清、內容意涵與機制作用等三者，比較具有意義。

（1）**概念釐清：**認為次區域合作是一個相對的概念而不是絕對的概念，即次區域是相對於區域而言的，如果把東亞看作是一個區域，那麼東北亞或是東南亞則為次區域；如果把東北亞看作是一個區域則圖們江地區便是一個次區域；當然圖們江地區相對於東亞也是一個範圍更小的次區域，因此可見，從地理範疇講，次區域是相對於區域而言的。從這個視角看，如果一國內部毗鄰的地區間進行的區域合作也可以稱作次區域合作。

（2）**內容意涵：**相對國際區域主義（Regionalism）的合作，次區域合作的內容與項目更具靈活與彈性，項目更加具體。

（3）**機制運作：**次區域合作發展的過程中，市場機制與政府機制誰先起到主導作用的問題。如果是市場主導的

　　應該如何規範，用誰的法律法規？如果是政府主導，
　　是由中央主導或是地方主導？
　　本研究希望進行中國大陸「次區域」整合理論與實踐個案成
效進行初步歸納。

## 2. 對中國大陸在「港澳」、「台灣」進行的次區域合作規劃比較

　　目前中國大陸在港澳台推行的次區域合作模式，無論是雙
方協議簽署全局性的合作協議如CEPA與ECFA；或是港澳台與地
緣鄰近中國省分的更緊密經濟合作模式，包括：「粵港合作框
架」、「粵澳合作框架」、「海西區」次區域合作規劃；以及先
行先試的實驗區規劃，如香港－前海、澳門－橫琴、台灣平潭等，
「粵港澳」與「海西區」似乎有某種「相似性」，而且港澳模式
走在前頭且執行十分順利有進展，對後發的「海西區」與台灣的
合作，是否會有某種模仿與牽引作用，中共當局是否以港澳模式
「引導與垂範」對台的「海西區」次區域發展，值得進行比較。

## 3. 中國對台灣推動「海西區」與「平潭島」的戰略與政策觀察

　　中國福建省政府於2004年提出的海峽西岸經濟區的戰略構
想。2009年公布「關於支持福建省加快建設海峽西岸經濟區的
若干意見」經過進一步修改後，5月14日由中華人民共和國國務
院發布《國務院關於支持福建省加快建設海峽西岸經濟區的若
干意見》；2011年3月國務院正式批准《海峽西岸經濟區發展規
劃》；2011年4月8日，國家發展和改革委員會全文發布《海峽西
岸經濟區發展規劃》。

　　海西區的核心計畫之一是平潭島開發計畫，2010年9月大陸
公布「平潭綜合實驗區總體規劃（2010-2030）」，這項長達二

十年的開發計畫，預計投入4000億人民幣。平潭島位於福建福清市外海，最大島海潭島面積（323平方公里）約為金門的兩倍，距離台灣新竹進68海浬（約125公里）。平潭島開發是海西區的招牌亮點，是特區中的特區，十一五、十二五規劃十年內要在平潭島投入近三千億人民幣，並喊出「五個共同」戰略構想（共同規劃、共同開發、共同經營、共同管理、共同受益），2012年2月還特別向台灣招募員工幹部1000名，引發台灣政府關切。[3]

「海西區」及「平潭綜合實驗區」於2011年被納入「國民經濟和社會發展第十二個五年規劃綱要」（簡稱十二五規劃）文件中。其中第58章「推動兩岸關係和平發展和祖國統一大業」章名，揭櫫「堅持和平統一、一國兩制方針和現階段發展兩岸關係、推進祖國和平統一進程八項主張，全面貫徹推動兩岸關係和平發展重要思想和六點意見，牢牢把握兩岸關係和平發展主題，反對與遏制台灣分裂活動」作為「十二五規劃」對台工作的等政治前提。

其中，第3節「支持海峽兩岸經濟發展區建設」：「充分發揮海峽西岸區在推進兩岸交流合作的先行先試作用，努力構築兩岸交流合作的前沿平台，建設兩岸經貿的緊密區域、兩岸文化交流的重要基地和兩岸直接往來的綜合樞紐。發揮福建對台交流的獨特優勢，提昇台商投資區功能，促進產業深度對接，加快平潭綜合實驗區開放開發，推進廈門兩岸區域性金融服務中心建設。支持其他台商投資相對集中地區經濟發展。」[4]

---

[3] 黃欣、李書良，2015，〈年薪60萬人民幣平潭廣昭台灣專才福建省長強調待遇高於台灣水準〉，《工商時報》，2月15日，第A1版。

[4] 參見「中華人民共和國國民經濟和社會發展第十二個五年規劃綱要」，新華社，北京，2011年3月16，http://news.xinhuanet.com/politics/2011-03/16/c_121193916.htm。

因此從「十二五規劃」文件內容不難發現，「海西區」與「平潭綜合實驗區」是具有高度政治性的戰略意圖，本文在兩岸次區域合作的經濟對接，也能歸納出背後的政治意圖與發展脈絡，並進一步凸顯政策構想與政策執行之間的政經成效與落差。

### 4. 以「平潭綜合實驗區」進行成效評估

「平潭綜合實驗區」是大陸推動與台灣進行次區域合作的具體部署。根據「平潭綜合實驗區總體規劃發展規劃」，其範圍包括海潭島及附屬島嶼，陸域面積392.92平方公里，總人口39萬。規劃期至2020年。「發展規劃」包含重要意義和開發條件、總體要求和目標任務、發展佈局、基礎設施、產業發展、社會事業和生態環境、改革開放、保障措施。中共政策目標主要有下列五項，而這五項也是觀察評估現階段「平潭綜合實驗區」成效的五項構面（dimensions）（黃速建、李鴻階，2011；福建省發展和改革委員會編，2012），包括：

(1) **促進兩岸融合**：打造台灣同胞「第二生活圈」，構建兩岸同胞共同生活、共創未來的特殊區域，促進兩岸經濟社會的融合發展。

(2) **探索新的合作模式**：通過平潭綜合實驗區的開發建設，在兩岸經濟合作、文化交流、社會管理等方面先行先試，有利於探索兩岸同胞建設共同家園的新模式和擴大兩岸交流合作的新機制，為推進兩岸更緊密合作創造和積累經驗。

(3) **嘗試新的合作機制**：選擇具備條件的部分區域、部分領域，開展兩岸共同規劃、共同開發、共同經營、共同管理、共同受益的合作試點，積極探索建立擴大兩

岸交流合作新的體制機制。

（4）**推動共同參與**：組織兩岸規劃機構共同編制相關專項
規劃。吸引台灣企業和各界人士到平潭投資興業，
鼓勵組成獨資、合資或合作開發主體，共同參與開發
建設。

（5）**借鏡台灣治理模式**：合理借鏡台灣在經濟、社會管理
等方面的經驗，探索兩岸經濟、社會、文化更加緊密
合作的具體途徑和方式，鼓勵台灣同胞參與相關經濟
組織、文化教育、生活社區等方面的經營管理服務，
提升平潭經濟社會事務管理水準。

2014年12月中國國務院宣佈將成立福建自貿區，其中包括劃
設平潭自貿區，共43平方公里，包括「高新技術產業區」、「港
口經貿區」以及「旅遊休閒區」三個片區，作者將實地調研，也
期許能探索出平潭自貿區的戰略構想與政策推動。

## 二、文獻檢視與政策探討

### （一）區域與次區域經濟合作理論研究現況

Machlup從經濟史角度，定義區域經濟合作為「將個別不
同的經濟體結合在一起成為大的經濟區域」（combining separate
economies into large economic regions）（Machlup, 1977:3）。首先
出現的次區域經濟合作是在1989年12月，由新加坡總理吳作
棟倡議，在新加坡、馬來西亞的柔佛州、印尼的廖內群島之間
的三角地帶建立經濟開發區，並稱之為「增長三角（成長三
角）」（growth triangle），吳作棟將成長三角定義為：在政治
型態、經濟發展階段不同的三個國家（地區）的互補關係、促
進貿易投資，以達到地區政治安定、經濟發展目標而設置的多

國籍經濟地帶（Myo Thant, Min Tang, and Hiroshi Kakazu, 1998; Lee, 1991:2-5）。

美國學者Scalapino, Robert A列舉了珠江三角洲－香港之間的經濟合作以及新－柔－廖成長三角事例，提出了「自然經濟領土」（natural economic territories）的概念，英文簡寫為NETs（Scalapino, 1999:31），Scalapino說明了NETs生產要素充分互補後所帶來的高度經濟成長與經濟體系的建立。

大陸學者李鐵立與姜懷寧則以邊界效益的角度來說明次區域經濟合作可能性與機制建立，他們認為邊界效應有「屏障效應」與「中介效應」（李鐵立、姜懷寧，2005:90-94），次區域經濟合作就是將「屏障效應」轉為「中介效應」的過程，目前國際間出現次區域合作就是趨勢，就是邊界的「中介效應」取代「屏障效應」，而「中介效應」是指兩國（地）間的經濟、社會、文化具有交流合作的自然需求，可以大大降低雙方合作的交易成本，中介效應條件有：自然人文地理具有連續性與相似性、經濟發展水平具有梯度差異、具有腹地優勢與過境需要等。

近年來隨著跨區域經濟合作盛行，學界將區域主義、次區域主義做更清楚的劃分，不只是相對的範圍大小的概念，出現了所謂「微區域主義」（micro-regionalism），次區域主義專指一些中小型經濟體而言，至於「微區域主義」則是一種次國家的地緣概念，推動合作的推動者主要是地方政府（Sasuga, 1999:1-10）。

有學者認為「次區域經濟合作」概念必須加以澄清並重新界定，次區域經濟合作是一個相對於區域經濟合作的概念，可以是否跨越國界與邊境為標準再予區分為「國際次區域經濟合作」和「國內次區域經濟合作」，或是以參與主體是否具有「獨立行政權」為標準與國際區域經濟合作進行區分（董銳，2009：23）。

本書則採用以跨越邊境且具有獨立行政權（含地方政府）為研究範圍，探討中國大陸推動跨邊境次區域合作為主要研究範圍，至於中國國內次區域合作不是本書的課題。

## （二）中國大陸推動跨邊境次區域合作的戰略構想探討

　　中國大陸次區域合作戰略目標是服膺於國家整體的大戰略，是整體大戰略下的具體部署。所謂國家整體大戰略包括「國內再平衡」與「國際再平衡」兩者。[5]由於中國國土遼闊，次區域合作發展可分為國內層次的次區域合作發展區與跨邊境次區域合作發展區，其中涉及「國內再平衡」中國境內次區域發展規劃不是本文範圍，而本文主要聚焦在跨邊境次區域合作，目前中國參與跨邊境次區域合作主要案例有：圖們江流域次區域經濟合作、大湄公河次區域經濟合作，新疆跨邊境經濟合作區、中朝次經濟合作區，以及中國大陸與港澳、中國大陸與台灣的次區域經濟合作等六個個案（如表2）。

---

[5]　曹小衡（2012），〈中國大陸次區域經濟合作發展戰略與政策觀察〉，10月26日專題演講講稿，台灣智庫。「國內再平衡」的挑戰：1、是源能資源缺短的挑戰；2、是生態環境惡化的挑戰；3、是經濟社會發展一系列不平衡問題的挑戰；4、是巨大規模自然災害、可能出現的戰爭的挑戰；5、是貪腐問題挑戰。「國際再平衡」挑戰：1、政治挑戰。一個太平洋能否容下中美兩個大國的問題。「911」後，大部分美國及其盟友開始意識到國際恐怖主義才是對其安全的首要威脅，才是它們的最主要、最直接的敵人。同時，也有部分人開始把中國視為假想敵。2、經濟挑戰：美國次貸危機所引發的全球金融危機、財政危機愈演愈烈，世界經濟舉步維艱，大陸外部經濟環境處於惡化狀態。3、外交挑戰：阿拉伯之春引發的阿拉伯世界的政治動盪，還是朝鮮政權更替之後引發的一系列危機事件，抑或是在中國南海區域頻繁爆發的與周邊國家的衝突對抗，種種跡象表明，如今的國際政治環境比過去想像的要惡劣得多、複雜得多。4、軍事挑戰。

## 表1-2：中國邊境次區域經濟合作主要個案彙整

| 次區域經濟合作名稱 | 實施期程 | 參與主體 | 邊境參與國與地區 | 運作機制 | 成效評估 |
|---|---|---|---|---|---|
| 粵、港、澳次區域經濟合作 | 2003年開始 | 廣東 | 香港、澳門 | 協議：在CEPA架構下中港簽署「粵港合作框架」、中澳「粵澳合作框架」。<br>實驗區：深圳前海－香港、珠海橫琴半島－澳門，雙方皆有合作契約。 | 因架構內的經濟體具有地理位置相近、雙方交流頻繁、語言文化相同等優勢，加上同為一個政治實體所領導，在中共中央政府政策運作下進展順利，目前已成為中國大陸「一國兩制」架構下次區域經濟合作最可能成功的示範區。 |
| 海峽西岸經濟區 | 2009年展開 | 福建全部，廣東、浙江、江西部份 | 大陸主導，以台灣為對象 | 協議：兩岸簽署經濟合作框架協議（ECFA），但兩岸並未協議共同發展「海西區」，「海西區」與「平潭島」皆為中共片面設置。<br>實驗區：福建「平潭綜合實驗區」、「廈門綜改區」－台灣，中共片面設置。 | 海西區是中共對台經貿交流平台架構中所力推的新經濟示範區，但因福建本身區位與客觀經濟條件不如「長三角」及「珠三角」等兩大台商集中區域。但在中共逐步增強「海西區」政策優惠措施吸引台商企業投資，並透過兩岸「經濟合作協議框架」ECFA優先試行各項開放市場優惠政策，未來「海西區」能否成為大陸對台經濟重要的合作交流實驗區，值得觀察。 |
| 大湄公河次區域經濟合作 | 1950年代展開 | 中國（雲南和廣西壯族自治區） | 緬甸、寮國、泰國、越南、柬埔寨 | 協議：自1992在亞洲開發銀行在馬尼拉舉行大湄公河次區域六國首次部長級會議，正式啟動大湄公次區域經濟合作（Greater Mekong Subregion, GMS）。<br>實驗區：五清溝通計畫（清邁、清萊、景棟、景通－琅勃拉邦、景洪）。 | 本區是亞洲次區域經濟開發區中最為重要的項目之一，主因湄公河自中國發源於越南入海，途中流經國家皆為東南亞政治實體中重要或極具開發潛力的國家，僅一條湄公河的榮枯就關係著民生、經濟、水利、發電等重大議題，而區域成員國彼此的民間或官方交流也早已十分熱絡，在國際機構積極參與，已被認為是跨國間次區域合作的典範。 |

| 圖們江跨國自由貿易區 | 1992年 | 吉林 | 中國、俄羅斯、北韓、韓國、蒙古 | 協議：聯合國開發計畫署（UNDP）制定「圖們江地區發展計畫」且提出「圖們江經濟發展區和東北亞發展的推薦戰略研究報告」。<br>實驗區：分為大三角與小三角，大三角為中國延吉－禪先清津－俄羅斯符拉迪斯托克，小三角為中國琿春－北韓羅津－俄羅斯波謝特。 | 圖們江自古為中國與朝鮮界河，近代因俄國（蘇聯）的介入，導致此區域的紛爭不斷，惟近年在經濟民生的考量下，身處邊界爭議的各方已有共識儘速開發此區域。該區因為坐擁中國東北、俄羅斯東部以及北韓等廣大腹地與天然資源，此區若能將邊界爭議化為最低，將有可能成為東北亞具潛力的經濟推升動能的新核心地帶。 |
|---|---|---|---|---|---|
| 中朝次經濟合作區 | 2010年代展開 | 遼寧 | 中國、北韓 | 協議：中國遼寧省編制「中朝羅先經濟貿易區總規劃」、北韓修訂了「羅先經貿法」，制定「黃金坪、威化島經濟區法」，雙方都有約束法令。<br>實驗區：北韓東北角的－羅先經濟貿易區、與丹東一江之隔的黃金坪和威化島經濟區 | 北韓長期「重軍輕經」發展走向，近年來逐漸開始重視推動與中國邊境地區經濟合作，雖然此區僅有中國及北韓兩國共同推動，但因發展基期低，資源豐富、人力充沛、有可能成為推升北韓邁向開發中國家的經濟動能，鄰近的中國吉林省也將帶來經濟發展成果，對強化中朝兩國政治經濟合作將發揮重要作用。 |
| 新疆跨邊境經濟合作區 | 1992年展開 | 新疆 | 中國、薩克斯塔、吉爾吉斯斯坦、烏茲別克斯坦、土庫曼斯坦 | 協議：「關於在邊境地區加強軍事領域信任的協定」開始了相互促進「中塔吉關於三國國界交界點的協議」解決了邊界問題，「上海合作組織」的建立與「烏洽會」的召開，使中國與中亞的石油發展更加緊密。<br>實驗區：有世紀合同之稱的「中哈石油管道」、中哈「霍爾果斯」國際邊境合作中心。 | 本區坐擁豐富的石油及原物料礦石資源，雖然歷史上區域內成員國複雜且各國邊境爭議也較其他區域為多，不過在「上海合作組織」的基礎，中國積極統合下，本區逐漸可能成為中亞經濟開發重鎮。 |

作者自行製表

資料來源：中國國務院相關部委官方資料之確認，搜尋時間：2014年11月1日。

　　趙永利、魯曉東等人特別針對「圖們江流域次區域經濟合作」、「瀾滄江－湄公河次區域經濟合作」，「中國新疆與中亞次區域經濟合作」等這三個次區域經濟合作案例，說明其與Balassa著名國際區域經濟整合五種高低不同層次的「自由貿易區」、「關稅同盟」、「共同市場」、「經濟同盟」、「完整經濟聯盟」經濟合作觀點（Balassa, 1961:1。）之間的差異，這三個中國與邊境鄰國次區域合作案例可歸納六項特點：1.次區域合作基礎是較低層次的經濟互補性，大都集中在初級要素的互補上。2.次區域合作中政府角色具主導性，特別是地方政府往往是合作的主體，也使得次區域合作體現出鮮明的政治色彩。3.次區域合作成功案例往往有國際機構的積極參與，如聯合國、國際金融機構，往往扮演重要催化作用腳色。4.次區域合作具有非制度一體性的特質，致各成員國利益衝突嚴重時妨礙進程。5.次區域合作在項目上非常廣泛，除商貿領域外，還包括投資、旅遊、基礎建設設施、人力資源、環保、技術等多元合作領域。6.次區域合作中的開放性和非歧視性特質，相對地區域合作對非參與方往往具有排斥性或濃厚的保護主義色彩而言，次區域因高度需要藉助外部投資，相對地，在實踐上較具開放色彩和非歧視原則（趙永利、魯曉東，2004:51-54）。

　　一般大陸學者都認為中國大陸展開與鄰國的次區域合作戰略意義，主要在：

（1）**改善與周邊國家（地區）的關係：**在對外政策方面，中國自十六大開始，採取了和平崛起和「睦鄰」、「安鄰」、「富鄰」（「與鄰為善、以鄰為伴」；分享中國大陸改革開放成果）的外交政策，尋求與周邊國家的友好相處和共同發展。冷戰後，在中國進行改

革開放的經濟建設同時，中國的周邊環境並不穩定，而中國周邊國家追求是安全與經濟發展，這正是中國與中國大陸周邊國家和地區合作的基礎。[6]至於台灣、港澳地區向來被中共當局視為國家的「核心利益」，對現階段的港澳關係、與兩岸關係都視為是中國「和平發展」的過程，目的則是為未來朝向和平統一的目標奠定基礎。

（2）**促進邊疆民族地區的安全繁榮**：吉林、新疆、雲南、廣西是中國大陸參與周邊國家次區域合作的主要省份。這四個省份是大陸的經濟邊緣地區、少數民族聚居區和邊疆地區，具有多元文化、多種民族並存的特點。在西部大開發的背景下，加強地方政府與周邊國家的經濟合作，形成以吉林、新疆、雲南、廣西為核心的對外開放平台，帶動其他中西部省份的對外開放。不僅能夠促進大陸少數民族邊疆地區的經濟發展，對其他中西部省份經濟發展也能夠發揮輻射和帶動作用，而且有利於維護邊區的穩定，確保邊疆安全（盧光勝等，2012:110-113）。

（3）**推動大陸經濟進一步國際化**：中國沿邊省區向來是交通不便的地區，沿邊省區與沿海省區相比，外貿額占

---

[6] 例如冷戰結束後，中亞地區形勢複雜化，攸關中國的政治、經濟、安全利益，中國政府推動與新疆周邊中亞哈薩克斯坦、吉爾吉斯斯坦、塔吉克斯坦、土庫曼斯坦、烏茲別克斯坦等五國各項安全合作、深化經濟、政治互信的戰略舉措，例如以中國地名命名的上海合作國際組織，就是著眼於中亞和諧穩定，為中國和平發展提供保障。參見封永平、姚志鵬，2009，〈中亞地緣政治經濟博弈與中國的戰略選擇〉，《上海商學院學報》，上海，第10卷第6期，11月，頁36-39。

GDP的比例小，甚至大大低於全國平均水準，與其沿邊的區位優勢很不相稱。與周邊國家積極開展次區域合作可使沿邊地區成為改革開放的前沿，有助於推動中國的進一步對外開放和並作為縮小中國區域經濟發展不平衡現實的試驗場，使沿邊地區也能成為對國際合作開放前沿。

相對於區域主義，次區域合作擁有更多合作主體間的包容、多元與自主權擴大，並強調信任與互惠為核心的社會供給與制度變革，是新區域主義的重要類型。（A. Amin, 1999:365-378），就針對中國大陸次區域合作的概念與經驗，大陸學者們對次區域合作歸納具有下列特點：（曾小衡，2013：126；胡志丁等，2011：61-65）（1）次區域合作通常只涉及成員國領土的一部分，相對於區域整合的全面性合作而言可以分散風險；（2）次區域合作相對於區域合作具有較大的靈活性，一個國家或地區可以同時進行幾個次區域合作；（3）次區域合作區域的產品市場和投資資本主要依賴於本次區域合作以外的地區，因此不歧視非成員國；（4）次區域不同於出口加工區，合作範圍更為廣泛，通常包括貿易、投資、旅遊、基礎設施、人力資源、環境保護等；（5）生產要素跨國界流動，主要依靠參與方之間的「協調」，非正規的「協商」；（6）地方政府是次區域合作的主體和推動者。

至於，中國內地與港澳地區、中國與台灣的次區域合作與前述大陸邊境三個次區域合作不同，中港澳與兩岸之間的次區域合作發展程度較高，且未來潛力很大，並事涉中共推動「一國兩制」政策成效，中共賦予特殊的政治意涵。例如平潭綜合實驗區而言，依照上述特點規劃，現階段就涉及問題有：1.需要政府強

力介入，包括協調市場與政府關係，2.著力先行先試，才能增強
對台灣吸引力，3.促進體制機制創新，不斷完善兩岸制度化合作
框架，要實施「比特區更特的政策」，為兩岸融合發展與和平統
一提供模式與有益借鏡，4.要破解「共同管理」難題，在共同規
劃、共同開發、共同經營、共同管理、共同受益的「五個共同」
中，大力推動兩岸政治、經濟、社會與文化建設，增進兩岸認同
與互信基礎（李鴻階、單玉麗、林在明，2010：225-230）。

## （三）對台灣次區域合作的政策推動

### 1. 中共對台推動次區域合作的政策內容

　　從「十二五」規劃內容（如下），中共對台灣次區域合作
的政策目的主要有三點：1.建立制度：如建立健全兩岸經濟合作
機制及其相關制度；2.推動落實：全面深化兩岸經濟合作推進各
產業及區域合作；3.做好試點：支援海峽西岸經濟區建設、加快
平潭綜合實驗區開放開發。（十二五規劃內容：第一，建立健全
兩岸經濟合作機制積極落實兩岸經濟合作框架協定和兩岸其他協
定，推進貨物貿易、服務貿易、投資和經濟合作的後續協商，促
進兩岸貨物和服務貿易進一步自由化，逐步建立公平、透明、便
利的投資及其保障機制，建立健全具有兩岸特色的經濟合作機
制。第二，全面深化兩岸經濟合作擴大兩岸貿易，促進雙向投
資，加強新興產業和金融等現代服務業合作，推動建立兩岸貨幣
清算機制。明確兩岸產業合作佈局和重點領域，開展雙方重大專
案合作。推進兩岸中小企業合作，提升中小企業競爭力。加強兩
岸在智慧財產權保護、貿易促進及貿易便利化、海關、電子商務
等方面的合作。積極支持大陸台資企業轉型升級。依法保護台灣

同胞正當權益。第三，支持海峽西岸經濟區建設充分發揮海峽西岸經濟區在推進兩岸交流合作中的先行先試作用，努力構築兩岸交流合作的前沿平台，建設兩岸經貿合作的緊密區域、兩岸文化交流的重要基地和兩岸直接往來的綜合樞紐。發揮福建對台交流的獨特優勢，提升台商投資區功能，促進產業深度對接，加快平潭綜合實驗區開放開發，推進廈門兩岸區域性金融服務中心建設。支援其他台商投資相對集中地區經濟發展。）

在中共國務院的《全國主體功能區規劃》[7]對海西區的定位是：高度關注重點及示範地區的發展，推動兩岸四地經濟一體化。（《全國主體功能區規劃》原文：全國重點開發區域；兩岸人民交流合作先行先試區域，服務周邊地區發展新的對外開放綜合通道，東部沿海地區先進製造業的重要基地，我國重要的自然和文化旅遊中心。）

在關注及促進重點地區發展的大思路下，又分兩個部分，第一是繼續加快條件較好的地區開放開發，繼續把傳統的金三角（一個長三角，一個珠三角，一個環渤海灣，這三個區域就是中國大陸的三個引擎）做強做大，帶動中國大陸經濟發展，第二是要培育一批新的增長點、增長級，在原來的基礎上，繼續做強做大，所以中國大陸還要陸續出台一批規劃政策。其中，大陸開闢了三個改革創新的實驗點，一個是珠海的橫琴島，一個是福建的平潭島，還有一個是深圳的前海。這三個點的目的是制度創新，

---

[7] 2011年6月中國國務院公布「全國主體功能區規劃」，是第一份國土空間開發規劃，也是大陸未來5年至10年的規劃藍圖，包括規劃背景、指導思想與規劃目標、國家層面主體功能區、能源與資源、保障措施、規劃實施等6篇，共13章。《規劃》還收錄國家重點生態功能區名錄、國家禁止開發區域名錄和20幅圖等個附件，全文7萬多字。全文請參考網站http://news.cntv.cn/china/20110609/106603.shtml，2013年1月1日查詢。

再者是強化兩岸四地深化合作，其中，前海特區和橫琴島是專門用來分別對接香港、澳門的，平潭島則是針對台灣的。2015年平潭、前海、橫琴皆被納入「自貿區」，加大開放程度，擴大與台、港、澳的深度經濟對接。

## 2. 現階段中共操作「海西區」與「平潭島」次區域合作的可能模式[8]

　　兩岸次區域合作有四種合作方式和三個平台，四種可能合作方式：1.是兩岸官方（地方或更高層級）合作推動；2.是兩岸半官方（官方授權機構如政府相關基金會等）；3.是大陸官方與台灣民間；4.是兩岸民間。

　　大陸提供了三個平台：一是海西、二是平潭、三是台商投資相對集中地區。「海西區」較大平台、平潭則在海西區大平台作為一個增長極的實驗區，至於廣東東莞、江蘇昆山則為台商投資相對集中地區。其中《平潭綜合實驗區總體發展規劃》經國務院批准，並於2011年11月15日正式發佈。《規劃》同意平潭實施全島放開，在通關模式、財稅支援、投資准入、金融保險、對台合作、土地配套等方面賦予平潭綜合實驗區比經濟特區更加特殊、更加優惠的政策。在海西區、平潭綜合實驗區的規劃基礎上，2015年又推動的福建「自貿區」，可視為加大對台吸納的「升級版」。

## 3. 「平潭綜合實驗區」與兩岸關係發展

　　「平潭綜合實驗區」以「五個共同」的模式，近期大力的推動對台「先行先試」政策的出台，「平潭綜合實驗區管委會」也

---

[8]　中共對台次區域操作模式，參見曹小衡（2012），〈中國大陸次區域經濟合作發展戰略與政策觀察〉，10月26日專題演講講稿，台灣智庫。

致力於所謂「共同管理」的制度設計，成立「促進平潭開放開發顧問團」（福建省發展和改革委員會，2012:77-79），由兩岸相關機構、團體代表和知名企業家、專家學者等組成共同商討平潭開放開發的重大問題。

其次，在「國民待遇」的對台政策上，「平潭綜合實驗區」制定了鼓勵台灣各類營建機構組成獨資、合資或合作開發，參與基礎設施、文教衛生設施建設的有關政策措施，並給予台灣民眾在子女就學、住房、養老、醫療等方面享受平潭居民同等待遇。

此外，在經貿面向，「平潭綜合實驗區」也努力爭取進一步擴大金融領域開放，在區內試點建立兩岸金融業監管合作機制和貨幣清算機制，降低企業結算成本和經營風險，建設跨境人民幣結算的區域性國際金融中心，促進資金自由融通和利用。

最後，在上述引起軒然大波的「人才招募」政策上，中共提出所謂「四個一千」的政策（指面向台灣招聘1000名專門人才，面向海內外招聘1000名高層次人才，從省內選拔1000名幹部到平潭去工作，對平潭島現有的幹部隊伍進行培訓，用五年時間大體培訓1000名），其中包括要招收一千名台灣的專才，提供優渥於台灣的薪資水準，包括擔任「平潭管委會副主任」，以及還有平潭工作機構的管理人員，讓台灣民眾參與到平潭的管理機制中，真正實現所謂的「共同管理」。作者2015年2月曾至平談考察得知，目前共11位任職平潭綜合實驗區管委會幹部。

儘管「平潭綜合實驗區」出台了各式各樣的對台政策，但有關該區和兩岸關係發展的分析，其實不多。較常見者主要集中在大陸學者專家，認為「平潭綜合實驗區」的優勢就是在「對台」，可以透過「五個共同」的探索，創造兩岸合作新模式──尤其是雙方可在平潭全過程、全方位參與開放開發，合作建設共

圖1-1：平潭綜合實驗區　周邊關係圖

同家園。全過程的參與就是從平潭的定位規劃和具體領域的項目
開發建設、經營管理，乃至於利益的共用，兩岸同胞全面參與；
全方位合作，就不僅在經濟領域，包括在社會領域、行政管理等
領域廣泛合作，甚至最終可能為中國特色的民主政治模式開出一
條穩定的道路（劉國深，2012：80-85）。

　　本書則將「平潭綜合實驗區」視為中共對台次區域合作的
戰略與政策，並且從戰略、政策、法制和實踐面，進行全面性的
梳理研究，迄今在相關文獻中仍付之闕如；對於「平潭綜合實驗
區」相關「先行先試」政策出台推行至今的實踐效果，乃至於對
台灣民眾和兩岸關係發展的影響評估，亦屬罕見，更在在證明了
本書出版相對的重要性和急迫性。

## 三、研究途徑與研究架構

### （一）研究途徑

#### 1.區域經濟整合理論的研究途徑

　　相對於次區域經濟合作理論是以亞洲「新加坡、柔佛州（馬
來西亞）、廖內群島（印尼）」合作例子首先提出如前述文獻檢
視，但主要經濟整合意涵，包括生產要素功能互補、社會文化交
流等，還是來自區域經濟整合理論，而區域經濟整合理論主要來
自歐盟經驗，運用歐盟經驗的區域經濟整合理論標準，可以對照
出亞洲經驗的次區域整合模式的異同之處，期使本研究能在理論
層次，更能豐富區域整合理論的意涵。

　　海斯（Ernst B. Hass）曾將整合理論分成三大學派：聯邦主義
學派（Federalism）、交流學派（Communications）、新功能學派

（Neo-Functionalism）（吳新興，2001：41-55）。

(1) **聯邦主義學派（Federalism）**：聯邦學派研究的目標非常明確，就是鎖定在推動成立超國家的國際組織或機構（establish an supra-national organization）。

(2) **溝通學派（Communications）**：交流學派則在同形（Isomorphism）的邏輯基礎研究各國整合情形。通常以各國之間的交流量做為一組變數，來研究整合者之間關係的過程發展，交流學派假設研究各國交易交流的頻率乃是評估各國人民對於是否支持整合過程的第一步（Deutsch, 1953）。

(3) **新功能學派（Neo-Functionalism）**：新功能學派則採取類推（Analogy）來詮釋整合現象，強調參與整合者的利益動機，研究參與整合者的認知與行為模式，以便解釋參與整合國家的性格。海斯只有各國的交流數據並不足以說明正在整合的工程，除非能用整合者的行動認知來重新詮釋這些交流數據。因此海斯認為國際整合能否成功係於各主要政治菁英和政要的支持程度而定（Hass, 1958:283-298）。

新功能學派特別強調「擴散」（spill-over）的論點，即在某一合作項目達成共識展開合作，「擴散性」的效果（effects of ramification）也有助於在另一個合作項目達成共識。但海斯仍強調「外溢」現象並非是一個自發的過程，而是一個自覺的過程。只能當行動者願意將其所認識的整合經驗應用在另一個新的情境時，「外溢」才會發現（Hass, 1964:48）。即使是「功能聯繫」（functional linkage）與「刻意連繫」（deliberate linkage）都有賴政治人物、國際組織和利益團體的推波助瀾才能達成。

　　值得注意的是，該模式預設了，政治主權以獲得某種程度的解決或諒解，同時功能性外溢也須在政府間談判才能促成。「新功能主義」是個政治建構的功能性整合模式，它不是用以去「政治化」。因此歐盟的整合模式直接套用目前的兩岸關係，而忽略其預設的前提時，將出現謬誤。

　　儘管西方學派對於整合理論的定義或強調面向不同，但是他們的核心概念有下列共通看法（吳新興，1995：37-38）：

* 不同國家之間的整合是漫長而漸進的。
* 「和平改變」與「自願性合併」乃是國際整合成功的先決要件。武力介入將違反整合理論非戰（No War）最高原則。
* 整合是一個「過程」（process），整合理論並不十分在意整合的最終狀態。
* 強調菁英份子在整合過程所扮演的角色，因為他們相信菁英份子（elites）才是發動整合的要角。
* 強調「外部因素」（External Factor）對於區域性整合具有相當重要性。區域外的外部因素，如第三國或外部力量要不是抱持樂觀其成的態度，就是敵視整合的進行反對到底。
* 建立整合性機構處理衍生之事務性與功能性問題。
* 整合理論亦有非整合（disintegration）的內涵（Schmitter, 1969:105）。

## 2. 國際政治經濟學（International Political Economy, IPE）研究途徑

　　邊境國家雖然有合作的需求，但往往也會產生彼此的利益衝突，或是受到全球化、區域經濟一體化整合影響下，以及第三

方外力影響介入使區域發展更形複雜，在複雜多樣的國內外因素匯聚的次區域經濟合作解讀，國際政治經濟學IPE所提供多樣的分析架構無疑是最佳的研究途徑（David N. Balaam and Bradford Dillman, 2011）。

**包括傳統第一代IPE分析途徑：**

（1）**經濟的自由主義（economic Liberalism）**：亦即自由主義政治經濟學傳統，基於彼此利益基礎以實現比較利益極大化來發展國際經濟合作，強調相互依存interdependence、比較利益（優勢）互補互利，自由貿易等重要性。

（2）**經濟民族主義（economic Nationalism）或是新重商主義（Neo-mercantilism）的分析架構**：以近似現實主義（Realism）的角度，強調保護主義，保護國內產業與國民就業率達成，或國家本身經濟發展策略之執行（Wade, 1990:26；Evans, 1996）。

（3）依賴理論dependency、馬克斯或結構主義的分析架構，強調核心與邊陲不等價的交換，在國際分工體系基於不公平貿易基礎，第三世界因依賴程度越高導致低度發展（Wallerstein, 1979:18）。

**第二代IPE分析途徑：**

（1）主要聚焦將利益與制度確定為IPE的為核心範圍，經濟全球化如何改變一個國家的利益偏好與制度調整；國內利益、制度與資訊如何影響一個國家對外經濟政策與國際層面的談判與合作。將利益與制度的相互作用、國內政治與國際政治的相互作用概括為2×2模式（王正毅，2010：3-4）（如圖1-3）：

圖1-2：第二代IPE分析途徑

（2）經濟要素（資本、技術、信息和勞動力）在不同單位
　　　層次（國內政治、國家、國際體系）流動的影響，亦
　　　即在不同國家國內政治結構和過程所產生的不同影響
　　　進行比較研究（Strange, 1988:13-14；Strange, 1996）。

### 3. 地緣經濟學（Geo-Economics）的研究途徑

　　地緣經濟學結合政治、經濟、與地理空間意涵等變項聯繫
起來，尤其能解釋透過非暴力的經濟手段、與地域性區域合作，
來達成一個國家所設定的戰略目標，地緣經濟學用來分析中國對
台灣次區域經濟整合的戰略與政策推動，頗具有解釋力，但目前
學界尚無應用此理論途徑，實徵分析兩岸關係政經互動的戰略意
圖，因此中共針對台灣所設計「海峽西岸經濟區」與「平潭綜合
實驗區」正可以此研究途徑加以觀察。

　　地緣經濟學是由美國戰略學者盧特沃克（Edward N.
Luttwak）首先提出，在冷戰結束為其創造有利條件，蘇聯的瓦

解為其理論印證，地緣經濟學提供給領先的西方已開發國家而言，是一項有利對外戰略。地緣經濟學觀點是從地理的角度出發，保護本國在國際經濟競爭中的國家利益，以經濟實力與經濟策略，體現國家在經濟上的國家利益，宣告了經濟競爭取代軍事競爭的時代來臨（Luttwak, 1993）。但只有已開發國家才能有條件進行這種激烈但公平的經濟競爭，開發中國家是沒有條件的（Aligica, 2002:2）。

但所謂已開發國家與開發中國家的概念，是實力相對的概念，是否適用兩岸之間，尤其是中共對台次區域合作的戰略思考，值得加以實證研究的。然而已有不少大陸學者引用地緣經濟戰略，是以政府運用地緣經濟手段或經濟策略為國家利益服務，亦即在國家總體的戰略架構下，先由政府主導，在適切的地緣位置上，以政帶經、以經促政，政經結合完成國家戰略目標（王樹春，2007：133）。因此以地緣經濟學的研究途徑來分析中共對台進行的次區域經濟合作的戰略與政策觀察，應有其妥適性。

## （二）研究架構

本研究之研究架構主要說明如下（如圖1-4）

### 1. 對主要中國次區域合作戰略思考的個案蒐集與歸納

從中國對次區域經濟合作之戰略構想與運作邏輯，展開主要個案的資料蒐集與歸納，包括圖們江流域的次區域經濟合作、大湄公河次區域經濟合作，新疆跨邊境經濟合作區、中朝次經濟合作區等四個與中國大陸沿邊的次區域經濟合作案，以及兩個與「一國兩制」有關的中國大陸與港澳、中國大陸與台灣的次區域合作等五個個案，綜整中國次區域經濟合作戰略思

考與運作邏輯，進而彙整出正中國對次區域合作的戰略制高點（Commanding heights）。[9]

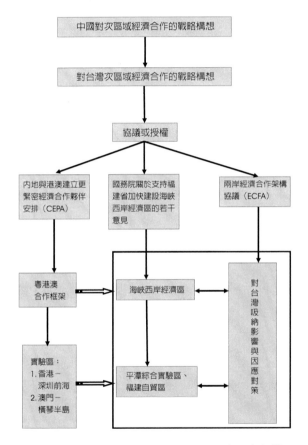

圖1-3：中國對台灣次區域經濟合作戰略研究架構

---

[9]　哈佛大學經濟學教授Daniel Yergin著有The Commanding Heights: The Battle for the World Economy一書，其中對於Commanding Heights書名解釋，引用蘇聯革命領袖列寧在一場演講的解釋，列寧說Commanding Heights就是控制國家經濟的戰略思想與主要元素。

## 2. 以港澳模式垂範對台灣的次區域合作

延續整體戰略構想之外，主要比較中國大陸與香港、澳門的次區域合作的運作模式，是否與對台灣次區域合作具有相同的規劃邏輯，中共在次區域合作的規劃，是否以港澳模式垂範在台灣模式上，亦即在台灣與大陸未來次區域整合是是否具有某種程度的港澳模式「路徑依賴」（dependent path）現象。

## 3. 「海西區」、「平潭島」與福建「自貿區」次區域合作的規劃與成效

目前大陸自行規劃「海西區」或「平潭綜合實驗區」，並沒有與台灣政府進行官方協商，也沒有任何國際機構參與其中，這點是與其他邊境國家進行次區域合作有明顯區別，也顯示這個以福建為主體的對台次區域合作一直充滿著高度的政治意涵。例如，以港澳模式為例，中港中澳簽署CEPA，鄰近廣東省也與港澳，分別簽署粵港合作框架、粵澳合作框架，值得觀察的是，兩岸目前也簽署ECFA，未來大陸是否會以「海西區」名義尋求與台灣（海東區）共同簽署「海峽經濟區」的次區域合作協議呢？

自2013年兩岸簽署服貿協議，在大陸對台灣服務貿易特定承諾表，經作者條文對照統計，特別針對「海西區」（福建、廣東）投資列有市場准入優惠項目達12項，兩岸服貿協議也開啟兩岸政府在「海西區」次區域合作的開端（邱垂正，2014b:92-93）。但因協議尚未生效，但其對台經濟對接之成效，對「海西區」是否透過服貿協議發揮吸引台商轉移投資，值得持續關切。

2014年12月中國國務院公布福建特定區域將成立自由貿易試驗區，預計要將福州、平潭、廈門納入，成立的目的是加大對台

灣經濟對接與吸納，預計2015年3月以後正式上路，福建自貿區目前已「一區多園」的提法，將福州、平潭、廈門等三地規劃為自貿區，目的在與台灣的自由經濟示範區相互對接，以實現兩岸更加緊密的經貿關係。[10]福建自貿區成立被認為繼海西區、平潭島的升級版，中國政府要用政策全力拉動福建經濟發展，並設定2018年經濟成長總值GDP超過台灣的目標，如此規劃將是對台最重要的次區域合作戰略，其實踐成效與台灣如何因應值得關注。

　　海西區的核心計畫之一是平潭島開發計畫，2010年9月大陸公布「平潭綜合實驗區總體規劃（2010-2030）」，這項長達二十年的開發計畫，預計投入4000億人民幣。平潭島位於福建福清市外海，最大的海潭島面積（323平方公里）約為金門的兩倍，距離台灣新竹南寮漁港僅68海浬（約125公里）。平潭島開發被中共當局視為海西區的招牌亮點，是特區中的特區，十一五、十二五規劃十年內已在平潭島投入近三千億人民幣，並喊出「五個共同」戰略構想（共同規劃、共同開發、共同經營、共同管理、共同受益），2012年2月還特別向台灣公開招募員工幹部1000名，引發台灣政府高度關切。[11]

　　是否如大陸官員所企盼海西區將成為ECFA的先行先試區，[12]

10　朱建陵，〈納入廈門、平潭、福州及泉州，比上海大19倍，福建自貿區專為台商打造〉，《中國時報》，2014年12月13日，第A16版；賴湘茹，〈陳德銘：福建自貿區將增對台特別政策〉，《工商時報》，2014年12月14日，第A5版；賴湘茹，〈福建自貿區肩負兩大重任　對台經貿、海上絲路為主要定位，將在明年3月宣佈具體政策〉，《工商時報》，2014年12月18日，第A12版。

11　黃欣、李書良，2015，〈年薪60萬人民幣平潭廣昭台灣專才福建省長強調待遇高於台灣水準《工商時報》〉，2月15日，第A1版。汪莉絹，2012，〈平潭計畫兩岸交鋒　國台辦：可透過經合會談〉，《聯合報》，3月29日，第A12版。

12　兩岸協商ECFA時，大陸方面要求我方支持海西區發展，但我方並未

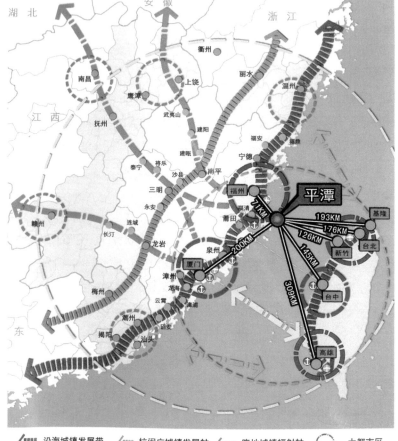

圖1-4：平潭綜合實驗區總體發展規劃區位分析圖

至於對台經濟對接之成效如何是本書主要重點所在，而平潭綜合實驗區是否有明顯的市場吸引力，平潭特區的政策規劃與落實各項對台優惠措施與超國民待遇，是否吸引著台灣人才前往就業與吸納台商轉移陣地前往平潭投資設廠等等。

## 四、研究方法
### （一）「文獻分析法」

　　本書首重於在於對中國推動邊境次區域合作發展相關資料的系統蒐集，中國政府當局如何透過「平潭綜合實驗區」先行先試政策的不斷出台，以推動對台政策，故在研究方法上，將以「文獻分析法」著手，廣泛而深入的蒐集中國推動次區域發展經濟合作，以及「平潭綜合實驗區」從政治、經濟到社會等面向的相關文獻資料。所謂「文獻分析法」，乃是透過量化的技巧及質化的分析，以客觀及系統的態度，對研究主題的文獻內容進行研究與分析，藉以推論產生該文獻內容的環境背景及其意義的一種研究方法。在文獻分析法的運用上，大量且全面地蒐集兩岸之間－包括了北京相關政府機關或智庫、福建省級機構和智庫、以及平潭當地機構－針對「平潭綜合實驗區」最新的相關期刊、文章、書籍、論文、專書、研究報告、官方或民間網站及報章雜誌報導等資料，進行靜態性與比較性的研究，俾從制度面、政策面、論述面和法規面等，深入瞭解中共透過「平潭綜合實驗區」推動對台政策的實質內涵。

---

同意，福建省長蘇樹林來台推銷平潭綜合實驗區，也期待海西區成為ECFA的先行先試區，參見黃國樑，2012，〈拒絕平潭島ECFA怎麼走下去？〉，《聯合晚報》，3月15日，第A3版。

## （二）深度訪談法

　　有鑑於中共加緊對台進行次區域經濟合作方案推動，具體而微，就是「平潭綜合實驗區」推動對台政策的手法推陳出新，且不斷與時俱進，除了掌握靜態的文獻資料外，更著重於中共中央和地方重對於「平潭綜合實驗區」的初探（exploratory），故採取質化典範進行研究。質性典範強調在特定的社經脈絡中對於某現象進行全面性（comprehensive）、深度性（in-depth）的瞭解，注重以當事人的觀點以分析社會事實，掌握「平潭綜合實驗區」具體且真切的政策實踐，更具有研究效益。因此，本書將透過「深度訪談法」的運用，親赴港澳、北京、福建（福州）和平潭等地，訪問相關政府官員、學術界與實務領域之相關人士，以及赴平潭工作的台灣投資者與產業代表或生活的台灣地區民眾等，希望透過深度訪談所獲得之第一手資料，配合上述文獻資料的整理、分析與比較，梳理現階段中共當局透過「平潭綜合實驗區」推動對台政策的脈絡，以及現階段各項對台吸納的成效。

## （三）參與觀察法

　　除了「深度訪談」外，在「田野調查」的過程當中，「參與觀察」也是本書將採用的另一個重要研究方法。「參與觀察」的特徵主要是研究者同時扮演觀察者和參與者的雙重角色，在此情形下，觀察者不被視為局外人，因此得以維持觀察情境的自然，可減低觀察者在情境中的干擾，以獲得比較真實的資料。對於本書幾個主題——「平潭綜合實驗區」、「海西區」與「自貿區」，以「參與觀察」的方法，到平潭島當地瞭解台灣民眾的生

活狀況（例如台灣民眾的社區管理、生活形態）、實驗區在政治、經濟、社會等面向的日常運作（例如入出境管理的實務操作、平潭往來台灣的交通運作等），透過第一手的寶貴資料正確掌握「平潭綜合實驗區」發展脈動。

## 五、預期目標

本書透過從海西區、平潭島的實地考察、對北京的訪談分析，以及對於香港澳門的現行制度理解等三個實徵研究（empirical study）的面向，輔以學者專家的深入分析，以及作者位於金門的地理優勢，預期達到下列四項目標：

1. **理論面：**從次區域合作整合理論新角度，作為研析兩岸關係互動研究新視角；歸納過去、現階段與未來中國大陸對台次區域合作戰略，比較與港澳模式的異同處，分析中共海西區與平潭島對台統戰的可能衝擊評估，以次區域合作整合理論、地緣經濟等學理角度，探索兩岸整合的新趨勢，以及對台可能政經挑戰。

2. **戰略面：**歸納北京當局對香港、澳門與台灣次區域合作的戰略思考，中國對港澳地區的模式，模式運作的元素包括：「一份綜合協議」、「地方政府更緊密合作關係」、以及「設立實驗區」具有相似性，是否正利用港澳模式垂範對台的海西區模式；此外，根據中國大陸對台次區域合作的戰略部署與推動，以平潭島為例，研判現階段中國大陸對台深化兩岸經濟合作的戰略思考與新趨勢。

3. **制度面：**釐清現階段中共對台次區域合作的制度推動，包括平潭島是否為「一國兩制」示範區的政策推動，以及平潭綜合實驗區的「五個共同」與「台灣家園」新提法與後

續制度設計與推動，本書從中共平潭政策先行先試的法制效果與制度創新，並評估未來台灣可能遭遇的挑戰。

4. **政策面：**以實徵調查研究掌握現階段中共平潭政策落實成效，本書作者利用金門地理優勢，透過田野研究，歸納現階段與未來海西區與平潭島對台灣社會包括人才、產業、技術與資金等吸納能力。

# 第二章　次區域合作的理論與實踐

　　在當前區域整合的發展趨勢，學理方面可分為區域主義
（regionalism）與次區域主義（sub-regionalism）兩種主要的合作
模式理論。

　　區域主義在全球化多邊主義（Multilateralism）進程遭遇阻礙
後，便成為國際經濟合作的主要模式[1]，包括歐盟（EU）、北美
自由貿易區（NAFTA），東亞自貿區（ASEAN+6）等三大區域
經濟集團的整合實踐。其中歐盟是各區域整合的典範，其整合歷
史最久、程度最深，成員國從6個到目前28個，整合範圍不斷擴
大中；以美國為主導的北美自由貿易區為基礎，面向太平洋，積
極拉攏APEC各會員國，籌組「跨太平洋經濟夥伴協定」（Trans-
Pacific Partnership, TPP），是高標準的自貿區，足以與歐盟分庭抗
禮；面向大西洋，美國與歐盟同意啟動「跨大西洋貿易與投資夥
伴關係協議」（Transatlantic Trade and Investment Partnership, TTIP）
談判，此舉美國全球區域經濟整合戰略「一區兩翼」輪廓愈加清
晰，亦即以北美自由貿易區為主體，外加TPP與TTIP在兩翼聯動
（沈國兵，2013：61-63）。

　　在亞洲區域整合方面，在東亞自貿區區域合作基礎上，
預計2015年完成「區域全面經濟夥伴架構協議」（Regional

---

[1]　全球化（globalization）主要的整合機制——世界貿易組織（WTO），
　　於2003年杜哈（Doha）回合談判遭遇挫敗，各國進行經濟合作的整合趨
　　勢，便從全球多邊的運作模式轉至區域多邊或雙邊。

Comprehensive Economic Partnership, RCEP），包括東協國家與中、日、韓、印、澳、紐全面性的區域經濟合作，未來區域內人口擁有全世界的半數人口，16國GDP高達23兆美元，RCEP將成為世界最大的自貿區。

除了區域主義之外，國際間出現了跨國境的次區域合作模式，這種次區域合作模式與區域整合關係密切，大致呈現互補作用，但有的亦出現互斥現象（黃載皓，2012：170），但兩者在本質與運作模式有相同也有不同。次區域合作在亞太各國間的合作日趨重要，中國大陸除積極強化與亞洲各國進行傳統的區域整合外，對其周邊國家與港澳台等亦積極展開次區域合作，本章將討論區域主義與次區域主義理論意涵，比較次區域合作與區域合作的差異，以及說明次區域合作對區域合作的影響。

## 一、區域主義與次區域主義的理論意涵

區域主義（regionalism）與區域化（regionalization）引發學術界關注大都是基於研究歐洲聯盟形成的過程，所引用的個案研究集中在歐洲與北美洲等西方國家為主，雖然歐美區域整合的成功經驗對其他各洲區域整合具有重要的參照與比較的作用，但畢竟不同地區在政治、經濟、社會、文化背景等大相逕庭，歐洲區域整合經驗與整合模式未必能適合全球每一個角落的區域整合的案例中（Hass, 1958:36；Nye, 1971:93）。

因此，學界開始劃分區域主義為「舊區域主義」與「新區域主義」，「舊區域主義」是指在國際冷戰結構為背景，由少數強權基於傳統政治地緣概念，國際間區域整合途徑大都由上而下進行控制，考慮較多的是政治層面因素，傳統區域主義是以國家為單位，尤指中央政府直接領導；上世紀九〇年代冷戰瓦解後，呈

現多極化國際格局並在經濟全球化趨勢下，區域整合途徑出現由下而上進行新功能主義（Neo-functionalism）所強調的「擴溢」（spill over）概念，區域整合的力量出現了許多非國家行為者，特別是地方政府、國際組織、跨國公司等，此時區域整合形式具有「多面性、複雜性、流動性與非一致性」等特徵（Soderbaum and Shaw, 2003:1-2），這種在全球化趨勢下所應運而生的新型態區域整合，被稱為「新區域主義」（New regionalism）。

「新區域主義」的概念下，研究焦點開始自歐美整合案例轉移至東亞、拉丁美洲、中東與非洲等區域，特別是東亞國家為回應全球化對邊陲區域所帶來的競爭壓力，透過更強調依賴地緣連接與資源要素互補，出現各種形式的「次區域主義」（sub-regionalism），案例名稱包括「次區域經濟區」（sub-regional economic zones, SREZs）、「成長三角」（growth triangle）（Lee, 1991:2-5）、「自然經濟領土」（natural economic territories）（Scalapino, 1999:31）、「微區域主義」（micro-regionalism）（Sasuga:1999:1-10；蔡東杰，2010）、「擴張都會區」（extended metropolitan regions）、以及「同城化」（city integration）等等名詞紛紛出籠。（董銳，2009：22；姜永銘，2008：20-24）

從地理空間而言，（sub-region）是「區域」（region）的一部分，其所界定之範圍乃是相對性的概念，例如東亞是區域，則東北亞則是次區域，若東南亞是區域，則大湄公河流域則是次區域，然而從整合（integration）的角度，區域整合與次區域整合便出現明顯的差異。依照Balassa傳統區域主義的整合模式，可分為五種高低層次的「自由貿易區」、「關稅同盟」、「共同市場」、「經濟同盟」、「完整經濟聯盟」等經濟整合形式的觀點，但次區域經濟合作與是否成立「自由貿易區」並不相

關，[2]次區域整合程度往往體現在其「可擴展性」上，按照趙永利、魯曉東說法是包括「自身空間領域的直接延擴」或「通過溢出和擴散效應向區外國內腹地輻射，帶動成員國內其他地區經濟發展」（趙永利、魯曉東，2004：51）。

　　因次區域合作帶來合作方的政治經濟地緣空間轉變，引發次區域跨邊境合作的行為主體、治理型態與機制日趨受到重視，在特定的經濟性疆界內進行「跨邊境治理」（cross-border governance）成為次區域合作探討重點（G. Shabbir Cheema et. al., 2011）。

## 二、區域合作與次區域合作的差異

　　茲將區域合作與次區域合作主要差異與比較，分別說明如下：

### （一）合作主體

　　區域合作協議與政策主要以參與方的中央政府參與談判並主導合作進程，地方政府非政府組織與企業的參與都只是配角而已。然而，次區域合作固然仍需要中央政府同意為前提，但主導次區域合作的往往是地方政府，地方政府也往往是最主要的利益代表，次區域合作成功案例往往是地方政府積極性作為的結果，地方政府為地方經濟發展需要，提出發展與邊境鄰國或地區的

---

[2]　Balassa, Bela, The Theory of Economic Integration（by Richard D. Irwin, INC. Homewood, Illinois,1961），p10.傳統的Balassa區域整合理論與次區域合作的經驗與案例不同在於下列三點：1、次區域合作在地域範圍只涉及成員國的一部份領土，地理範圍較為模糊，2、次區域經濟合作的主權成本低，政經風險小，參與國容易接受，不受超國家組織安排3、地方政府是跨邊境次區域經濟合作的主要力量，他主要依靠地方政府的溝通協調，合作範圍彈性而廣泛。

經濟性與非經濟性的合作案，爭取中央政府同意或核准後，付諸
實施。

## （二）整合與合作的程序

　　就整合與合作程序而言，區域整合順序往往依照生產要素流
動程度，如Balassa 著名國際區域經濟整合五種層次高低的「自由
貿易區」、「關稅同盟」、「共同市場」、「經濟同盟」、「完
整經濟聯盟」的經濟整合觀點（Balassa, 1961:10），有一定整合
節奏與層次，隨整合梯度逐級升級。

　　至於次區域合作，初始目標往往不是從「自由貿易區」開
始，而是從較低層次的經濟或非經濟性的互補性議題開始，包括
區域間基礎設施的銜接如改善交通、消除貧困、維護治安等等
（趙永利、魯曉東，2004：51-52）。

　　次區域合作往往先進行次區域經濟性合作再跨入非經濟性
合作，但也有先進行次區域非經濟性合作再進行經濟性合作，次
區域經濟合作主要包括貿易、投資、能源、交通、旅遊、水資源
開發、農業發展等議題，次區域非經濟性合作是相對於次區域經
濟合作而言，主要在於發展區域內的非經濟議題，這類議題範圍
廣泛，如傳統邊境安全的領土爭議解決、軍事合作等，也有非傳
統安全的生態環境保護、治安掃毒、教育文化等等（胡志丁等，
2010：35）。

## （三）制度化的合作程度

　　區域整合的制度化都有明確規範與記載，有清楚的合作實施
項目、範圍與時間，並有協議文本作為依據，例如加入世貿組織
WTO承諾協議、自由貿易協議（FTA），對參與方有清楚的權利

與義務項目必須嚴格遵行，否則將受到國際合作組織與其他參與方的控訴或制裁，區域主義的制度化對參與方的協議，大都是屬於「硬約束」，雙方協議必須遵守，以達成合作方制度一體化。

　　至於，次區域合作主要合作機制往往建立在參與方之間的「協調」，大都沒有組織規範力較強的機構來進行推動合作或約束成員國，以致於某種程度阻礙了次區域合作的發展進度（劉稚主編，2013：18）。次區域合作雖然常有國際機構介入倡議與推動，如亞洲開發銀行（ADB）與聯合國開發計畫署（UNDP），這類國際機構在牽頭各國參與次區域合作發揮很大的作用，但在後續合作項目執行時往往缺乏強有力的合作仲裁機制或爭端解決機制，當參與方覺得當前權利與義務分配不均時，就容易產生分歧，不願意片面讓渡利益，往往使次區域合作遭遇阻礙，因此次區域合作制度化大都屬於「軟約束」，著重在功能需求的一體化（黃速建、李鴻階，2011：59；趙永利、魯曉東，2004：53），而非在合作項目上，強調制度化的一致性與強制性。

　　然而，也就是因為次區域合作制度化的「軟約束」作用，才使得次區域合作展開反而較為容易開始。

## （四）合作項目與範圍

　　區域主義的各國區域合作無論是經濟性或非經濟性議題，大都有明確的文本協議與條約版本，在合作項目與範圍具有歷史制度上「路徑依賴」（dependence path），政策功能間的「擴溢作用」（spill over），過去合作的制度與經驗是現今與未來合作的基礎，合作項目與範圍由簡單到複雜，合作層次由淺到深，有一定的發展路徑可以依循或預測。

　　次區域合作項目與廣度則不受全球與區域整合的程序與範圍

所制約，從合作廣度而言，次區域合作較區域合作在項目與範圍上更加靈活廣泛，例如大湄公河次區域合作除了邊境貿易、投資之外，還包括能源、旅遊、地震、醫療、基礎建設、治安等合作項目，在範圍上逐步向人力資源培訓、環境生態保育、共同打擊犯罪等最大範圍與較深層次展開合作，合作項目與範圍都較為靈活而廣泛，且具有試驗性質（劉稚主編，2013：1-21）。

### （五）合作機制

區域合作常有超國家組織設立負責執行且設有仲裁機制以解決因交往而衍生糾紛，相較之下，次區域合作相較於區域合作其合作機制較為多樣性與低多層次化，例如大湄公河次區域合作，先後形成四個合作機制：1.亞洲開發銀行主導的「大湄公河次區域經濟合作機制（GSM）」；2.由東協國家主導的「東盟－湄公河流域開發合作機制」（AMBDC）；3.新湄公河委員會主導的「湄公河流域持續發展合作機制」，以及4.由中國、寮國、緬甸、泰國等四國以湄公河與瀾滄江流域為主地區成立「黃金四角經濟合作」等合作機制（盧光盛，2012：121-175）。這四個合作機制發揮一定程度的作用，但因缺乏設計有效的執行機制，導致合作協議實施與執行也往往困難重重。

就次區域合作的機制運作而言，一般政府間協商運作大都仍處於尚未建立法律層面合作協議的執行機制，協議執行的約束力有限，執行成效往往不彰（洪志丁等，2010：36）。

### （六）合作效果對非參與方的歧視性不同

區域主義的合作參與方對非參與方往往具有歧視性，展現了國際區域合作維護參與方的既得利益，對非參與方帶有保護主

義色彩，因此參與方合作效果對非參與方十分明顯。例如歐盟
（EU）、北美自由貿易協議（NAFTA），以及未來逐漸成型的
RECP、TPP，參與區域整合的各國所簽訂的FTA對非參與方都具
有某種程度的歧視性與排他性。

　　至於次區域合作大都屬於資源貧困區需要外部資源挹注，
大都只涉及主權國家的一部分領土，區域內資源比較有限，因而
需要藉助外部力量補充區域內的要素資源的不足（黃速建、李
鴻階，2011：60），因此對外大都採取開放原則與態度，對非參
與方沒有關稅或非關稅障礙的歧視（胡志丁等，2010：36；趙永
利、魯曉東，2004：51-54）。次區域合作的不具歧視性與開放
性成為次區域合作的重要特性。

## （七）涉及邊境安全程度

　　全球化與區域整合的趨勢下，一般區域合作可以跨越邊界展
開合作，區域合作不需要鄰近地緣關係作為客觀前提。但次區域
合作參與國之間通常彼此之間具有密切的地緣關係，發展出彼此
之間的政治地緣（Geo-politics）、經濟地緣（Geo-economics）的
複雜關係。區域合作參與方的邊境安全較不受合作鄰國影響。但
次區域合作往往涉及邊界兩側的主權國家，在經濟合作事項往往
會涉及許多邊境安全的議題，不得不考慮邊界地區在維護國家安
全等方面的作用，因此，邊境安全程度與次區域合作參與方的相
互關連性高，亦即次區域經濟合作常需考慮非經濟方面的合作，
以因應邊境安全。

表2-1：區域合作與次區域合作的差別

|  | 區域合作 | 次區域合作 |
|---|---|---|
| 合作主體 | 中央政府主導 | 中央政府同意的前提下，地方政府扮演主導角色 |
| 整合程序 | 整合程序往往依照生產要素流動程度，依照「自由貿易區」、「關稅同盟」、「共同市場」、「經濟同盟」、「完整經濟聯盟」的經濟層次，逐級合作 | 從較低層次的經濟或非經濟性的互補性議題展開 |
| 制度化程度 | 硬約束 | 軟約束 |
| 合作項目 | 區域合作有清楚的階段性目標 | 合作項目範圍廣泛具靈活性，合作項目具有試驗性質 |
| 合作機制 | 具有執行機制、仲裁機制 | 合作機制呈現多樣性與低級性 |
| 合作效果 | 對非成員方具有排他性與歧視性 | 對非成員方有開放性，不具歧視性 |
| 涉及邊境安全 | 區域合作較不受合作鄰國影響，較無涉及地緣性 | 次區域合作與邊境安全關聯性較高，強調地緣性 |

作者自行製表

## 三、次區域合作對區域合作發展的影響

　　次區域合作對區域合作發展的影響的論述基本有下列類型（Rousseau, 1995:26）：

　　**第一、次區域是區域合作的補充**，當區域合作條件不佳，無論是政治障礙或經濟互補優勢不足等因素，基於次區域合作門檻較低與合作方式較為靈活，合作項目較為廣泛，影響較為局部性等特性，「次區域合作模式」可作為突破區域合作障礙，作為下一步整體區域合作的先行先試的試驗區。

　　**第二、區域合作與次區域合作並行**，形成多層次的合作整合模式，次區域與區域合作彼此相互補充，例如中國大陸與東協國家的越國、寮國、緬甸、泰國、柬埔寨等國，除了「東協加一」等區域合作模式外，中國大陸以雲南、廣西為合作主體與中南半

島東協國家如緬甸、越南、寮國、柬埔寨、泰國等國進行「次區域合作」，例如「大湄公河次區域合作」、「北部灣次區域合作」等等，「東協加一」的各國同時也是以全球主義下世界貿易組織WTO會員國，加入「東協加一」個別國家間也簽訂緊密的雙方協議，因此中國與東協國家構成了「多層次的區域合作模式」（蔡東杰，2010：87；楊昊，2013）。

中國學者李鐵立、姜懷寧認為，次區域經濟合作是與經濟全球化與區域整合並存的一種經濟合作現象，由於次區域合作具有主權成本低、高度開放性的特點，相當適合東亞經濟整合的模式，此外，次區域合作受邊界影響強烈，關鍵在於邊界由屏蔽效應轉為中介效應，其動力來自中央政府、地方政府與企業等行為體（李鐵立、姜懷寧，2005：90-94）。

**第三、認為次區域合作與區域合作之間具有某種消長變化關係**，這點與全球主義與區域主義的辯證類似，亦即各國若將重心放在次區域合作上，會對更大範圍與領域的區域合作造成排擠，例如新加坡、印尼、馬來西亞三國的次區域合作新廖柔「成長三角」較為成功，這些次區域合作國家會對周邊更大的區域合作失去興趣（黃載皓，2012：170）。

# 第三章　中國大陸推動跨邊境次區域合作的戰略構想與實施案例

## 一、中國大陸推動次區域合作的戰略思考

中國大陸跨邊境的次區域經濟合作規劃，基本是相嵌在整個中國大戰略格局，主要的戰略思考有因應國內外再平衡各項挑戰，並配合北京國家領導人總體戰略的需要如中共十六大「和諧社會」、十八大「中國夢」，進而規劃中國大陸次區域合作的戰略目標。

### （一）國內外再平衡的挑戰

對中國大陸而言，首先是因應國內外各項再平衡挑戰，以國際再平衡挑戰而言，包括美國重返亞洲再平衡的政經戰略，如認為美國蓄意挑起釣魚台事件與南海海域主權爭議，推動跨太平洋經濟夥伴關係協議TPP等；國際恐怖主義的擴散並滲透至新疆、西藏地區，甚至與疆獨、藏獨勢力合流；西方民主價值在社群網站無遠弗屆快速散播掀起「阿拉伯之春」，威脅中共政權專政的正當性；以及全球金融危機方興未艾，美國次貸風暴、歐債危機接連發生引發全球經濟動盪。

針對中國大陸國內再平衡的挑戰，主要問題有：國內經濟社會發展區域不協調的問題，沿陸邊境區域與沿海區域發展差距擴大問題；能源長期使用供應問題的挑戰；環境生態惡化，巨型環

境災害威脅嚴重，以及港澳地區實施一國兩制日趨複雜，以及與兩岸關係發展進入「深水區」等挑戰。[1]

## （二）中國國家總體戰略的配套

在整個中國國家大戰略，延續第四代領導人胡錦濤總書記的和諧世界總體戰略配套，倡言「對外要和平崛起、對內要社會和諧、兩岸要和平發展」總體戰略（鄭必堅、吳建國，2014），或是第五代領導人習近平提出「中國夢」[2]總體戰略下在周邊外交提出「親、誠、惠、容」理念，以及「一帶一路」國際合作戰略規劃。[3]

## （三）中國大陸次區域合作的戰略目標

跨邊界次區域合作模式，對於整體中國國際戰略與國際政治的佈局，以及對中國經濟與世界經濟進一步對接具有重要意義。茲說明如下：

---

[1] 深水區議題具有下列特性：「政治含量較高」、「涉及國際問題較多」、「涉及公權力運作較多」、「後續影響深遠」等，請參閱（邱垂正，2015）。

[2] 中共第五代領導人習近平以「中國夢」作為其施政的總體戰略，其主要內容是「實現中華民族偉大復興的中國夢，就是要實現國家富強、民族振興、人民幸福」。有關習近平闡述「中國夢」請參閱http://www.xinhuanet.com/politics/szxzt/zgm.htm。

[3] 「一帶一路」是「絲綢之路經濟帶」與「21世紀海上絲綢之路」的簡稱。此戰略緣起於2013年9月習近平出訪哈薩克，首次提出共同建設道路聯通、貿易暢通與貨幣流通的「絲綢之路經濟帶」倡議。同年10月習主席出訪印尼，提出大陸應加強與東協國家互聯互通建設，盼共建「21世紀海上絲綢之路」，請參閱「築夢一路一帶」http://big5.ce.cn/gate/big5/www.ce.cn/ztpd/xwzt/guonei/2014/ydyl/。

## 1.改善與周邊國家（地區）的關係

　　在對外政策方面，自中共十六大政治報告強調，「未來10年是中國經濟發展和對外開放的重要戰略機遇期」，強調內部做好各項建設工作外，能否擁有一個和平穩定的週邊環境是保證中國能否經濟順利建設的外部環境的關鍵。亦即在胡錦濤主政十年來，中國採取了和平崛起和「睦鄰、安鄰、富鄰」外交政策，尋求與周邊國家的友好相處和共同發展。依照功能主義的整合理論，國家間經濟合作自然可以外溢到政治、文化、社會甚至是軍事方面的合作。

　　政治報告也強調「應該看到，在中國進行經濟建設的同時，中國的周邊環境並不穩定。但無論如何，周邊國家追求是安全與經濟發展，這是中國大陸周邊國家和地區合作的基礎。」長期以來，中國的政府與學界普遍認為，世界唯一的超級強權——美國，美國在戰略上都以中國作為潛在的對手，並在戰略對中國進行遏阻，並積極滲透與影響與中國的周邊國家，因此，中國大陸必須透過加強與邊境國家的經濟合作，改善與周邊國家的關係，減少「中國威脅論」效應，包括強化與中亞五國、東南亞、俄羅斯與北韓的合作，才能確保中國國家利益與安全。發展跨邊境次區域合作有助於改善周邊國家的關係。

　　2013年10月中共總書記習近平首次召開周邊外交工作座談會上提出「親、誠、惠、容」理念，[4]強調中國周邊外交的基本方

---

[4]　「親」：就是睦鄰友好、守望相助；「誠」：就是要誠心誠意對待周邊國家，爭取更多的朋友與夥伴；「惠」：就是要本著互惠互利的原則同周邊國家開展合作；「容」：就是要倡導包容的思想，要以更加開放的胸襟和更積極的態度促進合作。洪鵠，〈中國特色周邊外交的四字箴言：親、誠、惠、容〉，2014年10月25日下載，《新華網》，http://

針就是堅持「以鄰為善、以鄰為伴」，堅持「睦鄰、安鄰、富鄰」，在推動周邊外交推進經濟合作的同時，還要加強與周邊國家的對話，推動「親、誠、惠、容」理念社會化，建構穩定週邊環境。針對未來5至10年周邊外交戰略目標、基本方針和工作思路，提出「四個更加」、「四個堅持」和「四個著力」。[5]

　　2014年習近平在APEC會議提出2014年11月中國召開APEC會議，習近平正式宣布「一帶一路」戰略布局，「一帶一路」戰略將貫穿歐亞大陸，東邊連接亞太經濟圈，西邊深入歐盟市場，將加速連結沿線國家的共同利益，並承諾400億美元成立「絲路基金」，協助「一帶一路」的各國基礎建設。[6]

## 2. 促進邊疆省份的經濟發展與安全穩定

　　中國大陸與周邊國家進行次區域合作的主要省份，主要包括：雲南、廣西、廣東、吉林、新疆等。除了廣東省外，其餘四個省份的經濟增長皆落後內陸省分，這些省份在大陸各省份往往處於經濟邊緣地區、少數民族聚居區和邊疆地區，具有多元文化、多種民族並存的特點，由於跨國而居形成跨國民族在地緣上

---

news.xinhuanet.com/world/2013-11/08/c_118063342.htm。

[5]　所謂「四個更加」：努力使中國大陸與周邊政治關係更加友好，經濟扭帶更加牢固，安全合作更加深化，人文聯繫更加緊密。所謂「四個堅持」：堅持以鄰為善，以鄰為伴，堅持睦鄰、安鄰、富鄰，堅持睦鄰友好、守望相助，堅持講平等、重感情、常見面、多走動，使周邊國家對我們更友善、更親近、更認同、更支持。「四個著力」：著力維護周邊和平穩定局面，著力深化互利共贏格局，著力推進區域安全合作，著力加強對周邊國家的宣傳工作、公共外交、民間外交和人文交流。倪世雄、潘旭明，2014，〈十八大以來的中國新外交戰略的思想初析〉，學術前沿，北京，第6期，31頁。

[6]　蔡素蓉，2014，〈一帶一路　習近平的國際戰略〉，《中央社》，11月3日，http://www.cna.com.tw/news/acn/201411030158-1.aspx

具有國內地緣邊緣性和國際地緣前沿性的特點（周建新，2002：275），因此北京提出「以鄰為伴、與鄰為善」的周邊國際關係理念，提出「睦鄰、富鄰、安鄰」的周邊外交方針，達成中國邊境民族實現了「和平跨居」目標，大大降低邊境民族衝突（周建新，2008：394）。自2000年開始在西部大開發的背景下，加強地方政府與周邊國家的經濟合作，形成以吉林、新疆、雲南、廣西為核心的對外開放視窗，帶動其他中西部省份的對外開放，不僅能夠促進大陸少數民族地區的經濟發展，對其他中西部省份經濟發展也能夠發揮輻射和帶動作用，而且有利於維護邊區的穩定，確保邊疆安全（曹小衡，2013：129）。

### 3.次區域合作可以推動成為中國參與經濟全球化的實驗場

中國沿邊省區一直是交通不便的發展死角，沿邊省區與沿海省區相比，外貿額占GDP的比例非常小，甚至大大低於全國平均水準，與其沿邊的區位優勢很不相稱。與周邊國家積極開展次區域經濟合作使沿邊地區成為改革開放的前沿，有助於推動中國進一步對外開放，並縮小中國國內區域經濟發展不平衡的現實的試驗場，使沿邊地區成為開放前沿。

此外，次區域合作限於沿邊沿江地區，合作範圍有限，合作的正面效益可以迅速擴散，負面效應卻可以限制在較小的範圍內，已成為中國參與經濟全球化的實驗場（李鐵立，2005：198）。

## 二、中國大陸跨邊境次區域合作的實施案例

### （一）中國參與跨邊境次區域合作的條件

1.次區域合作可以促進相鄰國家的友好關係，而周邊友好關

係也是次區域發展的必要條件。中共十六大以後採取對周邊國家溫和的「睦鄰、安鄰、富鄰」外交政策，與中國相鄰的14個國家，部分這些國家或出於志願，或透過國際機構倡議牽頭，與中國沿邊地區展開多樣的雙邊或多邊經濟合作，並以這些次區域經濟合作為基礎，再增加相互瞭解與信任後，合作項目可擴散到政治、安全領域的合作。

2. 中國周邊鄰國多且差異大。中國邊境線與海岸線漫長，周邊國家眾多，使中國大陸具有發展各種形式的次區域合作的優越區位條件；又因這些周邊鄰國各自的經濟條件與發展程度差異很大，形成中國與鄰國之間推動各種次區域合作與跨境合作模式的區位優勢與發展機會。

3. 中國大陸沿邊各省與周邊國家或地區大都文化相通，關係密切。中國大陸有眾多的跨境而居的少數民族，與周邊國家或周邊地區大都血緣相連、文化相近、語言相通，優越的文化條件減少了合作的文化價值障礙，大大降低經濟合作的交易成本（周建新，2008）。

## （二）中國大陸跨邊境次區域經濟合作的規劃現狀

目前中國大陸主要的跨邊境次區域經濟合作區主要分佈如圖3-1，依成立時間先後順序，依序為：

## 1.「大湄公河次區域合作」

參與國家包括緬甸、寮國、柬埔寨、泰國、越南與中國等，中國大陸主要參與以雲南省與廣西省為主，自1992年亞洲開發銀行（ADB）在馬尼拉舉行大湄公河次區域六國首次部長會議，正式啟動大湄公河次區域經濟合作（Greater Mekong Sub-region,

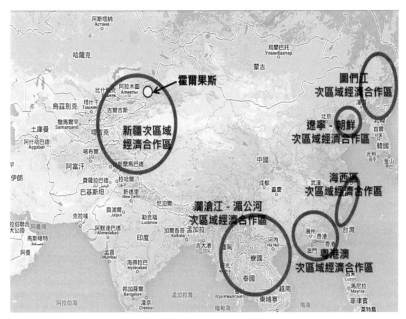

作者自行繪製

**圖3-1：中國跨邊界次區域經濟合作區分佈圖**

GMS），至今已超過20年，大湄公河次區域合作已投入150億美金，成為亞洲區域經濟合作機制與「南南合作」的範例。[7]

　　GMS是以項目為主導的次區域合作機制，根據中國大陸方面的統計，自1992年到2012年底，GMS次區域成員國分別在交通、能源、電信、環境、農業、人力資源開發、旅遊、貿易便利化與投資等九大領域，開展了227個合作項目，其中投資項目55個，由亞行提出貸款50億美金、GMS國家政府配套出資43億美金，聯合

---

[7]　Greater Mekong Subregion Marks 20 Years of Cooperation, Achievement,ADB,2012/9/14, http://www.adb.org/news/greater-mekong-subregion-marks-20-years-cooperation-achievement

融資45億美金，主要用於支持基礎建設；技術援助項目172個，涉及贈款金額2億美金，主要用來相關成員國培訓相關研究人才。[8]

2011年GSM領導人會議通過GSM新十年戰略，各國陸續簽署「成立區域電力協調中心政府間諒解備忘錄」、GSM鐵路聯盟、次區域知識平台建設、推動交通走廊向經濟走廊轉變、以及制定區域投資協議問題達成共識等等，正邁向新的十年里程碑（劉稚主編，2013：2）。但另一面GMS也成為地緣政治、地緣經濟的國際競爭角逐場，例如美國重返亞洲再平衡戰略，積極運作「湄公河下游倡議」合作協議，[9]強化與湄公河下游國家關係並離間與中國的關係，以阻止GMS國家傾向中國的局面，使得GMS逐漸成為國家強權角逐場域，增添未來GMS發展的變數與挑戰（Cronin and Hamlin, 2012:49）。

### 2.「新疆跨邊界次區域經濟合作」

合作國家有哈薩克、吉爾吉斯、塔吉克、烏茲別克、土庫曼，中國以新疆為參與主體。自1992年開始透過聯合國相關組織、「上海合作組織」等國際組織的牽頭運作，新疆次區域合作主要是向西開放的戰略，主要合作夥伴以中亞國家為主，目前新疆與中亞次區域合作主要以「上海合作組織」發展框架為主。根據2013年「中國－亞歐博覽會」新疆自治區商務廳統計，2012年新疆對外貿易達到250億美金，其中70%以上主要與中亞五國進行

---

[8]    請參閱《中國參與大湄公河次區域經濟合作國家報告》，北京新華社，2011年12月6日電。參見網站http://www.gov.cn/jrzg/2011-12/17/content_ 2022602.htm。

[9]    自2009年7月美國國務院發起「湄公河下游倡議」，歐巴馬政府積極與GMS各國建立交流合作機制，對GMS影響力逐漸增加。參見（劉稚主編，2013：113）

的，這其中哈薩克佔一半，其次是吉爾吉斯、塔吉克。[10]新疆與中亞各國經濟合作關係出現明顯的地緣關係，其中新疆的霍爾果斯國際邊境合作中心更成為對西開放的窗口，經濟發展迅速，已成為重要的「增長級」，已成為中國大陸重要的次區域合作示範區（王海燕，2012：16-21）。

新疆相對於中亞各國具有明顯優勢，新疆有著較為完整的工業體系和農業種植技術，相對中亞各國主要以資源出口為經濟發展的主要推動力，新疆與中亞國家的互補性，是發展次區域合作的基礎所在。

### 3.「圖們江跨國自由貿易區」

1991年聯合國開發計畫署（UNDP）提出多國聯合開發圖們江流域的建議，擬在20年內籌資300億美元，在該區建設一個有國際水準的集港口、機場、鐵路為一體的交通樞紐、商貿和金融中心，引起東北亞各國矚目。剛開始參與國家有中國、俄羅斯、北韓等國家，中國以吉林省為參與主體，後來陸續加入蒙古、韓國，1995年12月中、俄、蒙、朝、韓五國在聯合國總部簽署「關於建立圖們江經濟開發區及東北亞開發協調委員會的協定」、「圖們江地區經濟開發區及東北亞環境諒解備忘錄」，中、俄、韓三國簽署「關於建立圖們江地區開發協調委員會的協定」，目前圖們江貿易區國際合作開發主要參與國家與地區是，中國東北三省和內蒙古地區、北韓的羅先貿易地區、俄羅斯的濱海邊疆區（普烈莫爾斯基）、韓國的東海岸港口城市群（釜山、束草），

---

[10] 〈新疆正成為中亞財富交匯點〉，環球時報，2013年9月1日，請參考「中國－亞歐博覽會」系列新聞報導，網址http://www.caeexpo.org/new2013/56197.jhtml。

以及蒙古國的東部三省區。十年後的2005年，聯合國開發計畫署
（UNDP）在長春召開圖們江地區開發協商委員會上，進一步提
出「大圖們江計畫」（Greater Tumen Initiative, GTI），將既有機
制擴大延伸至2015年（蔡東杰，2011：151-152）。

　　然而圖們江地區跨邊境次區域合作並非一帆風順，主因是當
交易成本遠遠高於各國的預期，各國參與熱情就降低。[11]2011年
開始，中國次區域經濟合作的主體吉林省開始加強與圖們江周邊
各國的經濟合作，包括建議跨境經濟合作區，並規劃圖們江自由
貿易區的制訂等等，企圖再燃起圖們江地區新的次區域經濟合作
發展熱情。

## 4.「中國與北韓次區域經濟合作」

　　鑑於圖們江多邊合作形式進展不易，有中國大陸的學者認
為，東北亞地區區域合作的初始模式應以雙邊合作形式為主（李
玉潭、陳志恆，2003），在圖們江次區域經濟合作進展緩慢，以
中國遼寧省為參與主體的「中國遼寧與北韓次區域經濟合作」被
提出來，中朝合作同時也涉及雙方的國家安全與經濟利益。2002
年北韓指定與中國遼寧省僅一江之隔的新義州為特別行政區，並
頒佈特別行政區基本法，北韓明顯希望全國第四大城實施對外開
放政策的實驗區。

---

[11] 與大湄公河計畫一樣，大圖們江化最初都是由國際組織倡議與主導，
GMS由亞洲開發銀行ADB所主導，GTI則由聯合國開發計畫署UND所推
動。兩者的次區域合作都是由國際機構所主導，國家中央政府往往僅扮
演被動性的同意與支持，事實上地方政府的熱衷程度往往勝過中央政
府，以大圖們江計畫當遇到計畫停滯不前，地方主導權將會回歸國家、
地方政府與國際機構就會成為輔助性角色，逐漸形成由上而下的國家
主導結構，但這又使次區域合作遭遇新的挑戰與困境（蔡東杰，2011：
151-159）。

目前中國遼寧與北韓新義州的次區域合作尚處於以貿易為主的低層次合作，但雙方存在極大的合作潛力。對北韓而言經濟增長緩慢，國內有相當嚴重糧食、能源短缺的問題，加上美、日等國以北韓發展核武問題，實施經濟制裁，惡化了經濟形勢，因此北韓渴望與周邊國家（尤其是中國）經濟交往與合作，以便獲得足夠的資金、技術與各項資源，發展經濟所需。遼寧地區對中國而言一直是中國的老工業基地，具有較強的工業基礎與加工技術，近年來透過國企改革在石化、裝備製造業、農業、服務業都較北韓具有優勢，而北韓則在金屬礦藏資源儲量豐富，雙方合作空間很大。在國際政治方面，北韓新領導人金正恩上台不久，基礎不穩，面對美日聯手施壓，也急需獲得北京的支持，亦將提高並強化雙方各項合作關係。

### 5.「粵港澳次區域經濟合作」

以香港澳門和廣東為核心的次區域經濟合作區，根據熟知內情的中國大陸學者表示，[12]中國大陸廣東與港澳的次區域合作發展有下列不同層次的政策出台：

（1）CEPA層次，香港與整個中國大陸內地31個省市的整合。

（2）「九＋二」層次：於2004年泛珠三角區域經濟合作，鄰近香港、澳門的福建、江西、湖南、廣東、廣西、海南、四川、貴州、雲南等九個省市之間的經濟發展協作，為曾擔任廣東省委書記、現任中共政治局常委張德江所積極倡導，已舉行10屆，由各省每年輪流主辦，為港澳與泛珠江三角洲各省之間的區域合作論壇。

---

[12]　請參閱附錄4月15日北京清華大學訪談記錄稿。

（3）2008年底國務院通過《珠江三角洲地區改革發展規劃綱要（2008-2020）年》，由國務院發改委通過，可再分成三個大中小三層次，主要在珠江三角洲與港澳間區域合作發展，大的珠三角層次範圍包括廣東、廣西、福建、港澳，中的珠三角層次範圍主要指廣東省全境，小的珠三角指的是廣州、深圳、珠海、佛山、江門、東莞、中山、惠州、肇慶等九個主要城市。

（4）2010年廣東省與香港簽署「粵港合作框架」，由中央國務院牽頭的粵港兩地經濟合作協議。

（5）深港一體化，如同城化建設，深圳將拆除深圳經濟特區管理線（二線關），促進深港一體化加快發展。

（6）2010年8月國務院批准「前海特區」——「前海深港現代服務業合作區」規劃，將為深港合作先導區、體制機制創新區、現代服務業聚集區和結構調整引領區，在六個層次中，開放條件最為優惠。

## 6. 「海西區對台的次區域合作」

主要是針對台灣的次區域合作，主要以中國大陸「海峽西岸經濟區」為主。中國大陸對台灣的區域整合的層次，可概括如下：[13]

（1）兩岸經濟合作架構協議ECFA層次，2010年兩岸簽署經濟合作架構協議ECFA，這是大陸全局性對台的整合。例如2013年博鰲論壇，習近平提到「積極促進在投資和經濟合作領域加快給予台灣企業與大陸企業同等待

---

遇」，[14]意味未來台商將享受大陸企業的國民待遇，那就不是外資，按內資來管理。

（2）「海西區」層次，2009年中共國務院公布「關於支援福建省加快建設海西經濟區的若干意見」，規劃以福建為主、周邊省分為輔的海西區，包括海西區城市群共有20個，其中廈門、平潭是主要對台的兩個抓手，其中廈門若視為大廈門，範圍將包括廈漳泉三市。

（3）「平潭綜合實驗區」，是「海西區」的主要招牌之一，結合中央與海西區資源全力打造，除了經濟開放合作之外，還賦予平潭綜合實驗區社會管理創新，發揮與台灣社會層面合作建立共同家園，以強化吸納台灣資源。

上述綜合整理中國大陸與周邊國家跨邊境次區域合作的六個主要案例，本書焦點主要「海西區對台的次區域合作」以及「平潭綜合實驗區」對台次區域合作的成效評估，至於中國與其他周邊國家的次區域案例因非本書主要研究課題，僅在此簡要敘明。

## 三、現階段中國大陸推動次區域合作的主體與平台之觀察

### （一）推動兩岸次區域合作的主體評估

歸納次區域合作的特質，以及綜觀大陸與周邊國家跨邊境次區域經濟合作的經驗，主要有中央政府、地方政府、國際組織（或超國家組織）、企業等四項合作主體，分別扮演不同的角色與功能，必須加以思考（馬博，2010：117-118；王元偉，2011：4）。四項次區域合作主體對兩岸之間次區域合作的互動頗具啟發性（如表3-1），敘述如下：

---

[14] 劉永祥、陳洛薇，2013，〈習近平：速讓台商享同等待遇〉，《經濟日報》，4月9日，A2版。

## 1. 中央政府是授權單位

　　跨邊境的合作往往涉及國家主權、外交事務與邊境管理，合作初始階段往往需要由中央政府出面主導與授權，這是開展次區域合作的必要條件，中央政府決定著跨邊境次區域合作區的前景與內容。因此，若想促進兩岸在「海西區」次區域合作，兩岸的中央政府就必須針對「海西區」的發展展開協商，因此目前兩岸官員已倡議在兩岸經濟合作框架協議ECFA下，兩岸共同協商「海西區」或「平潭實驗區」的合作，[15]或是金門、廈門等兩岸地方政府對推動「金廈次區域合作」，也有朝向「金廈跨境經濟合作區」達成共識的默契等。但上述兩岸次區域合作仍僅停留在倡議階段，尚未由兩岸的中央政府正式介入授權與簽署合作協議，因此缺乏中央政府正式授權，兩岸政府在「海西區」次區域合作尚在起步醞釀階段，合作層次仍只維持民間企業自發性投資合作，而非政府間合作所驅動投資行為，沒有兩岸中央政府的參與和背書，兩岸次區域合作成效就會有限。

## 2. 地方政府是經濟合作主要的利益代表

　　中央政府授權下後，次區域合作（含跨境經濟合作）主要推動力量大都來自地方政府，而且地方政府往往是主要的利益代表。以中國大陸與周邊國家與地區進行次區域合作發展的實證經驗而言，次區域經濟合作的真正發動者往往是地方政府，地方政府也往往是真正的利益代表（張玉新、李天籽，2012：77-

---

[15] 蘇秀慧，2013，〈杜紫軍：兩岸經濟特區合作　要談　我經濟示範區可與平潭島、古雷半島或海西等產業進行交流　要在ECFA架構下協商〉，《經濟日報》，6月10日，第A12版。

84）。以中國大陸加入大湄公河次區域發展而言，代表簽約與授權皆來自北京中央政府，但真正處理次區域合作的實際運作的卻是廣西與雲南的地方政府，負責參與越南、緬甸、寮國、柬埔寨與泰國的經常性對話或工作小組。再如兩岸次區域合作，以金馬小三通而言，金馬兩縣地處外島鄰近海西，金門與連江縣政府往往才是「小三通」兩岸次區域合作項目的主要倡導者與利益代表，地方離島政府長期以來扮演持續要求中央政府擴大增加小三通適用範圍與合作項目的角色。

### 3. 國際組織（超國家組織）可以扮演次區域合作的倡導者

聯合國開發計畫署（UNDP）與亞洲開發銀行（ADB）積極介入並協調各國推進「大湄公河開發計畫」、「圖們江地區次區域經濟合作」、「新-柔-廖」等成長三角各項進度，「上海合作組織」對推動「新疆與中亞各國的次區域經濟合作」，這些國際機構在倡議次區域合作往往扮演關鍵性角色。但是在兩岸次區域合作上，基於北京對台一貫立場，反對國際機構介入兩岸事務（粵港澳次區域合作亦同），國際機構組織將較難以發揮作用。

### 4. 企業是次區域合作的主要建設力量

跨邊界次區域合作最重要、最主要建設力量就是企業。各國政府推動次區域經濟合作主要在吸引的國內外企業積極投入，能夠吸引越多企業加入合作區，象徵次區域合作就越成功，能否吸引外資進駐合作區，往往是確保次區域合作的成敗關鍵。因此要衡量以中共對台次區域合作成效，例如評估「海西區」與「平潭島」成效，最簡單的指標便是企業投資進駐的數量、投資金額與產值。

表3-1：中國大陸次區域合作之合作方參與主體一覽表

| 次區域\合作方 | 大湄公河計畫次區域合作 | 大圖們江計畫次區域合作 | 新疆跨邊境次區域合作 | 「中」朝次經濟合作區 | 粵港澳次區域合作 | 海峽西岸經濟區 |
|---|---|---|---|---|---|---|
| 中央政府 | V | V | V | V | V | |
| 地方政府 | V | V | V | V | V | V註* |
| 國際機構 | V | V | V | | | |
| 企業投入 | V | V | V | V | V | V |

作者自行製表

註*：有關「海西區」兩岸次區域合作方的參與情形，僅有由金廈地方政府層次出現洽談小三通航班會議合作平台。至於，兩岸服貿協議大陸政府對台部分產業承諾優先開放「海西區」，但因協議尚未生效，中央政府合作參與暫不列入。

## （二）兩岸次區域四種合作模式

根據大陸學者曹小衡指出大陸次區域合作有下列四種模式：一是雙方由官方（地方或更高層級）推動合作；二是雙方由半官方（官方授權機構如公協會等），如兩岸海基、海協兩會；三是一方是官方機構與另一方為民間組織；四是雙方都是民間組織（曹小衡，2013：170）。在次區域經濟合作發展過程中，制度變遷和組織結構的變化息息相關，其合作平台的演變與發展路徑，大致可分「政府主導型」、「企業主導型」，以及「政府、企業、民間正式與非正式共同推動」等三個不同類型，但三種類型沒有先後關係，不同的次區域合作有不同配搭的合作平台，並無固定模式。

在亞洲國家中中國大陸是與周邊國家發展次區域合作最多的國家之一，成效也最為顯著，加上兩岸政治經濟地緣因素，使得兩岸交流合作有必要透過次區域合作角度重新審視與掌握；而且，中國大陸對台次區域戰略也與中國大陸與其他周邊國家不同，茲將現階段中國大陸對台次區域的特點，說明如下：

1. 中國大陸內部對台經濟合作並不限於「海西區」，而呈現「多區域並進的多對一合作關係」發展格局（林佳龍，2013：19）。但各區域提出對台經濟或產業合作戰略都必須配合北京中央政府的整體規劃，因此中央主導色彩鮮明。

2. 海西區兩岸次區域合作早在2005年，其構想就被納入中共「十一五」規劃，但因兩岸欠缺合作平台，長期以來成效相當有限。但自2013年兩岸在經濟合作協議ECFA運作模式下簽署兩岸服務貿易協議，大陸主動開放「海西區」（福建、廣東）優先市場開放承諾，這是兩岸政府首次透過合作協議，將海西區市場准入項目納入兩岸次區域合作的事項之中。

3. 因兩岸特殊關係，在北京的堅持下，國際組織與國際資源要介入兩岸次區域合作恐較為困難。

# 第四章　現階段兩岸次區域合作的 政策推動

　　本章分析現階段中國大陸對台灣已展開的次區域合作政策推動，次區域合作強調地緣特性，中國大陸學者積極鼓吹以地緣最鄰近台灣的「海峽西岸經濟區」，透過次區域合作從局部突破全局性結構限制開始，漸進完成兩岸經濟區域整合的次區域合作構想，日趨獲得大陸官方與學者重視（唐永紅，2007：189-205），而「海西區」規劃又以「平潭綜合實驗區」最受矚目，有關「平潭綜合實驗區」部分將以第五章專章分析。至於，現階段台灣方面對中國大陸的次區域合作方面，主要以金門、馬祖等離島對大陸的「小三通」直航政策，至於台灣本島各縣市與大陸展開次區域合作仍尚處於倡議階段，截至2014年底前皆尚未落實。因此，本章中國大陸對台灣的次區域合作政策推動、則以「海西區」、「平潭綜合實驗區」規劃與執行加以分析。

　　至於台灣方面自2001年起推動金門馬祖「小三通」作為兩岸直航前的過渡與試驗，目前金門小三通擴大實施已成為兩岸次區域合作的重要起點（邱垂正，2013：72-81）。基於兩岸未必有共同政治基礎而進行彼此合作，兩岸次區域合作模式未來勢必越來越受兩岸的政府、企業與學界所重視，尤其是金廈小三通已略有「成長三角」與「微區域主義」等次區域合作的雛形（Myo Thant, Min Tang, and Hiroshi Kakazu Edited, 1998），未來進一步推動跨境合作治理的次區域合作模式將可能是深化兩岸經濟合作的重要模式。

## 一、中國大陸對台次區域合作的規劃

中國大陸對台灣的次區域合作規劃，主要以中國大陸「海峽西岸經濟區」為主。中國大陸對台灣的次區域合作層次，主要包括下列：[1]

1. 兩岸經濟合作架構協議ECFA層次，2010年兩岸簽署經濟合作架構協議ECFA，這是大陸全局性對台的經濟整合。例如2013年博鰲論壇，習近平提到「積極促進在投資和經濟合作領域加快給予台灣企業與大陸企業同等待遇」，意味未來台商將享受大陸企業的待遇，那就不是外資，而是按內資來管理。

2. 「海西區」層次，2009年中共國務院公布「關於支援福建省加快建設海西經濟區的若干意見」，規劃以福建為主周邊省分為輔的海西區，包括海西區城市群共有20個，其中廈門、平潭是主要的兩個抓手，其中廈門若視為大廈門，範圍將包括廈漳泉三市。

3. 「平潭綜合實驗區」，是「海西區」的主要招牌之一，結合中央與海西區資源全力打造，除了經濟開放合作之外，還賦予平潭綜合實驗區社會管理創新，發揮與台灣社會層面合作，以強化吸納台灣資源。

因此歸納受訪的參與規劃大陸學者意見，海西區與台灣之間次區域合作運作模式，在制度規劃有明顯參照中國大陸與香港次區域整合模式與發展路徑（邱垂正、張仕賢，2014:139-159）。包括：一、2010年簽署「兩岸經濟合作框架協議」ECFA，這是

---

[1]　有關中國大陸對台次區域合作規劃的戰略構想，請參閱附錄2013年赴北京清華大學訪談記錄稿，請參見附錄。

大陸全區域性對台的整合，二、2011年出台的「海峽西岸經濟區發展規劃」，在「海西區」層次上與台經濟對接規劃模式，著手規劃兩岸次區域合作的規劃，三、2011年為落實上述「兩岸經濟合作框架協議」、「海西區的發展規劃」相繼成立「平潭綜合實驗區」、「廈門市深化兩岸交流合作綜合配套改革試驗總體方案」（簡稱：廈門綜改方案）如圖4-1。

2014年12月中國大陸宣布將新增天津、廣東、福建3個自貿區，其中，福建近年已獲得以其為主體的「海西區」規劃，如今

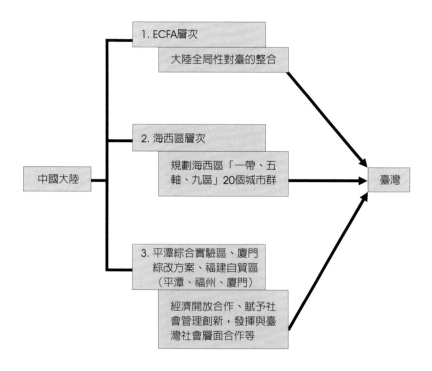

資料來源：作者自行製表

**圖4-1：中國大陸對台灣次區域整合模式**

錦上添花再拿下「自貿區」資格，大陸海協會長陳德銘表示，福建「自貿區」規劃上「大體會參考上海的作法，然後再加上一些跟台灣之間特別的聯繫和政策」。[2]截至2015年2月為止，被納入福建「自貿區」的平潭、廈門與福州，據媒體報導三個片區共118平方公里，[3]較原先預期小很多，但都符合「海西區」規劃方案，因此福建「自貿區」可視為「海西區」的升級版，其運作模式無論如何強調市場開放、產業合作與租稅優惠，都是以台灣作為對接目標，主打「對台合作、因台而生」。

## 二、中國大陸對台次區域合作運作模式──以「海西區」為例

　　中國大陸福建省政府於2004年提出的「海西區」戰略構想。2009年被中央政府認可，5月14日由中華人民共和國國務院發布《國務院關於支持福建省加快建設海峽西岸經濟區的若干意見》；2011年3月國務院正式批准《海峽西岸經濟區發展規劃》；2011年4月8日國家發展和改革委員會發布《海峽西岸經濟區發展規劃》。

　　「海西區」的核心計畫有二，一是平潭島開發計畫，2011年9月大陸公布「平潭綜合實驗區總體規劃（2010-2030）」，這項長達二十年的開發計畫。平潭島位於福建福清市外海，最大島海潭島面積（323平方公里）約為金門的兩倍，距離台灣新竹進68海浬（約125公里）。平潭島開發是海西區的招牌亮點，優惠

2　賴湘茹，2014，〈陳德銘：福建自貿區將增對台特別政策〉，《工商時報》，12月14日，第A5版。
3　李書良，2015，〈福建自貿區雛形揭曉　平潭新增旅遊休閒區〉，《工商時報》，1月3日，第A7版。

措施號稱是「特區中的特區」，當地政府宣傳在「十一五」、「十二五」規劃十年內，計畫投入平潭島建設經費達3000億人民幣，[4]宣傳上倡議「五個共同」（共同規劃、共同開發、共同經營、共同管理、共同受益）的戰略構想，希望打造平潭成為「台灣家園」，2012年2月還特別向台灣公開招募員工幹部1000名，引發台灣政府高度關切。[5]目前平潭開發並積極與台灣進行直航，已引發金馬離島小三通邊緣化危機出現。[6]

另一個核心規劃是「廈門綜合配套改革實驗總體方案」的規劃與執行，2011年底出台的「廈門市深化兩岸交流合作綜合配套改革試驗總體方案」（簡稱：廈門綜改方案）主要的重點就是要將廈門市打造成「一區三中心」：「一區」就是兩岸新型產業和現代服務業的合作示範區，「三個中心」都是以對接台灣為目標，包括對台灣貿易中心、兩岸東南航運中心航運中心，和兩岸金融服務中心。

面對2013年上海成立「自由貿易實驗區」競爭挑戰，「海西區」的平潭、廈門也向北京中央積極爭取成為下一個「自貿區」，使自己成為更自由、更便利、更友善的經貿投資環境，強化對台灣招商引資的吸引力。2014年國務院基本同意福建「自貿

[4] 根據筆者實際調研，所謂「平潭建設每天燒一個億或兩個億（人民幣）」說法，並非是政府直接投入，而是透過國有企業圈地開發興建，再出售給投資者。

[5] 蘇芳禾、舒子榕，「賴幸媛：臺灣人任平潭領導 恐違法」，聯合晚報，2012年3月27日，第A4版；沈明川，「注意囉！尹啟銘警告：投資平潭充滿風險 平潭放利多來臺招商！尹：投資環境條件並不好，語言也不通 臺商前往投資要審慎」，聯合晚報，2012年3月14日，第A4版。

[6] 邱垂正，2013，〈直航後金門小三通的邊緣化與加值化〉，收錄於「金門經濟高峰論壇論文集」，臺灣競爭力論壇、金門大學、金門縣政府共同主辦，2013年6月，頁72-81。

區」，具體方案預計2015年3月公布，廈門、平潭「自貿區」無疑將是福建「自貿區」的核心區域。

　　整個「海西區」及「平潭綜合實驗區」於2011年正式被「國民經濟和社會發展第十二五年規劃綱要」（簡稱「十二五」規劃）文件中，「十二五」規劃的第58章章名「推動兩岸關係和平發展和祖國統一大業」，是以「堅持和平統一、一國兩制」方針和現階段發展兩岸關係、推進祖國和平統一進程八項主張，全面貫徹推動兩岸關係和平發展重要思想和六點意見，牢牢把握兩岸關係和平主題，反對與遏制台灣分活動」作十二五規劃對台工作的政治前提。

　　其中第3節「支持海峽兩岸經濟發展區建設」：「充分發揮海峽西岸區在推進兩岸交流合作的先行先試作用，努力構築兩岸交流合作的前沿平台，建設兩岸經貿的緊密區域、兩岸文化交流的重要基地和兩岸直接往來的綜合樞紐。發揮福建對台交流的獨特優勢，提昇台商投資區功能，促進產業深度對接，加快平潭綜合實驗區開放開發，推進廈門兩岸區域性金融服務中心建設。支持其他台商投資相對集中地區經濟發展。」[7]

　　從「十二五規劃」文件內容不難證明，中共規劃「海西區」具有明顯對台統一的政治意圖之外，若要理解「海西區」相關戰略構想與政策執行之間，是否存在實際政策成效與戰略規劃的發展落差，則有必要進行長時間進行追縱式田野調查，而本書僅就這幾年田調進行初步整理。而有關「海西區」主要政策方案的進程如下圖4-2所示。

---

[7]　參見「中華人民共和國國民經濟和社會發展第十二個五年規劃綱要」，新華社，北京，2011年

2004年提出「海西經濟特區」構想

2006年納入「十一五規劃摘要」

2009年發佈「國務院關於支持建設海峽西岸經濟區若干意見」

2010年納入「十二五規畫綱要」

2011年3月發佈「海峽西岸經濟發展規劃」

2011年11月發佈「平潭綜合實驗區總體規劃」

2011年12月發佈「廈門市深化兩岸交流合作綜合配套改革試驗總體方案」

2014年12月國務國務院發佈福建「自貿區」

**圖4-2：「海峽西岸經濟區」規劃時間進程示意圖**

## 三、台灣對中國次區域合作的推動——以「小三通」為例

### （一）兩岸政府協商次區域合作的唯一案例

金門小三通開辦至今已邁入第14個年頭，是兩岸政府維繫最久的直接通航渠道，小三通曾是兩岸直航前的試金石，並扮演著促進兩岸關係正常化、中轉化的功能定位，過去對兩岸平和發展扮演著無可取代的階段工具性角色。同時，也是現階段透過兩岸政府協商所進行的次區域合作案例。

2009年直航後，金門小三通功能定位雖仍具有兩岸正常化、中轉化的功能，但其主要價值已逐步朝向以振興金門離島經濟發展為目的，因此小三通逐漸成為兩岸次區域合作的討論範疇之中，亦即地方政府是利益主要代表與主要推動者，但仍須兩岸中央政府同意為前提，小三通作為一項兩岸次區域合作項目才有可能繼續被擴大與落實。[8]

---

[8]　金門縣觀光服務業目前依賴小三通人流往來甚深，金門縣政府為活絡產業發展，促進經濟成長，長期以來必須持續地分別向兩岸相關政府部門

　　目前金門經濟榮枯主要仰賴小三通的人流數量，從2001年開辦至2011年，小三通持續增長，尤其2008年開放中轉後更增長迅速，2011年達到147萬人次高峰後，但因兩岸直航快速增長，2012年小三通人流首次出現負成長，2013年更出現明顯滑落至135萬人次，小三通邊緣化壓力逐增，危機感迅速在以觀光服務業為主的金門快速擴散開來，所幸經過地方政府積極奔走兩岸，強化兩岸次區域合作以及本身金門採取加值化的努力，2014年全年人流數又回升150萬人次（參見表4-1）。

## （二）小三通發展演進與機會挑戰

　　交通是島嶼經濟的命脈，為推動離島開發建設健全產業發展，並增進兩岸關係正常化，台灣於2000年頒佈「離島建設條例」作為離島地區綜合發展的法源根據，並依此條例第18條規定訂定「試辦金門馬祖與大陸地區通航實施辦法」[9]（簡稱「小三通」），於2001年元月1日正式開放金門、馬祖兩地做為兩岸通商通航的試點；至今14年以來，小三通儼然已成為海峽前線經濟發展的主要途徑與機會之窗，同時也是兩岸次區域合作第一個案例。

　　在小三通政策推動初期，台灣政府基於「除罪化」及「可操之在我」的務實作法做為優先試辦的重點，目的在於進一步促進金馬地區之建設與發展。過往，由於與福建地理位置相近及迫於

---

　　進行遊說，尤其是掌握兩岸事務的中央政府（台北與北京），要求對小三通人流措施採取更加便捷的開放政策。

[9]　離島建設條例第18條：為促進離島發展，在臺灣本島與大陸地區全面通航之前，得先行試辦金門、馬祖、澎湖地區與大陸地區通航，臺灣地區人民經許可後得憑相關入出境證件，經查驗後由試辦地區進入大陸地區，或由大陸地區進入試辦地區，不受臺灣地區與大陸地區人民關係條例等法令限制；其實施辦法，由行政院定之。

生活所需，金馬沿海走私行為盛行，難以遏止。台灣政府考量，係希望藉由有條件開放直接貿易，針對不必然需經兩岸協商即可運作者（包括中國大陸已開放事項、中國方面給予我民眾待遇之合理性、以及我方主動開放後不致衍生複雜問題等方面，選定優先開放項目），建立明確規範制度將存在多年的非法邊區貿易納入管理，讓小額貿易或非法岸邊交易有了除罪化的法律機制。

由於當時兩岸政府對「一個中國」立場殊異，兩岸兩會無法進行協商，小三通的措施雖然務實，但仍屬於台灣政府的片面開放。因此，開放初期，小三通不但受到中國大陸政府的軟抵制與冷處理，大陸地區人民往返前3年累計竟不足1.1萬人次；台灣內部甚至也因為部分金門鄉親生活受到強制管理影響，屢屢與岸巡隊員迭有衝突事件傳出可謂遭遇內憂外患，政策並未獲得預期成效。也正名次區域合作若沒有雙方的中央政府協商與同意，成效往往不彰。

不過在兩岸雙方經過三年的磨合與測試後，小三通作為培養兩岸善意互動的基礎，也點滴積累培養出兩岸政府與人民某種程度務實感。2004年9月中國方面主動宣佈開放福建省居民可透過小三通到金門馬祖旅遊，2005年5月中國國家旅遊局更提出「閩台旅遊交流」的8項新措施支持小三通政策的發展。自此階段開始，小三通優勢效應開始發酵，2004至2007年止每年平均增長10萬人數，呈現穩定發展，逐漸凸顯兩岸便捷化往來優勢。

在2008年5月台灣完成二次政黨輪替後，兩岸關係呈現和緩趨勢，海基、海協兩會重啟協商，同年6月立即通過「小三通人員往來正常化」實施方案、9月再通過「小三通正常化推動方案」，更擴大金馬成為兩岸人員往來及交流的捷徑。累計小三通施行至今14年餘，金馬地區與福建的往返不僅已突破千萬人次。

其中金門小三通往來人數迭創歷史新高，2010年兩岸中轉往返人數138萬人次，2011年高達147萬人次（參見表一），再加上「金門一日遊」、「自由行」等新措施，儼然已成為港澳之外，兩岸另一個重要的中轉管道。

然而，小三通邊緣化自2009年兩岸直航就開始，台灣民眾使用小三通人數開始負成長，2009年台灣民眾小三通出入境各約53萬人次最高峰後，開始就下降，可見直航市場力量所帶來小三通邊緣化已形成，至2012年開始金門小三通首次出現逆成長，2013年小三通人數繼續下滑至135萬人次（如表4-1）。

小三通人流連續兩年下滑，2014年上半年小三通人流已明顯逐漸回升，全年更創下151萬人次的歷史新高，其中陸客增幅高達42%最為突出，顯示兩岸政府次區域合作中，在金廈小三通項目上已有初步成果，並逐漸能克服邊緣化危機，使得金廈小三通人流能回復到相對穩定的發展格局。

### 表4-1：歷年金門小三通統計表

單位：人次

| 年度 | 入境人數 | | | | 出境人數 | | | | 入出境人數總和 |
|---|---|---|---|---|---|---|---|---|---|
| | 台灣地區人民 | 大陸地區人民 | 外國人民 | 總人數 | 台灣地區人民 | 大陸地區人民 | 外國人民 | 總人數 | |
| 2001年 | 9,751 | 951 | - | 10,702 | 9,738 | 937 | - | 10,675 | 21,377 |
| 2002年 | 25,545 | 1,039 | - | 26,584 | 26.151 | 946 | - | 27,097 | 53,681 |
| 2003年 | 76,369 | 2,936 | - | 79,305 | 78,782 | 2,016 | - | 80,798 | 160,103 |
| 2004年 | 192,273 | 9,865 | - | 202,138 | 193,937 | 9,475 | - | 203,412 | 405,550 |
| 2005年 | 244,099 | 14132 | - | 258,231 | 244,504 | 15,984 | - | 313,893 | 518,719 |
| 2006年 | 273,738 | 35,399 | - | 309,137 | 319,502 | 35,833 | - | 336,179 | 623,030 |
| 2007年 | 313,202 | 45,509 | - | 358,711 | 453,273 | 46,883 | - | 391,902 | 725,096 |
| 2008年 | 443,748 | 35,392 | 2,089 | 481,192 | 481,740 | 36,314 | 2,490 | 527,618 | 973,269 |
| 2009年 | 533,172 | 94,095 | 10,049 | 637,316 | 537,524 | 97,220 | 10,012 | 688,390 | 1,282,072 |
| 2010年 | 508,498 | 167,395 | 12,136 | 688,029 | 509,680 | 174,011 | 11,966 | 724,065 | 1,383,686 |
| 2011年 | 525,512 | 194,782 | 15,026 | 735,320 | 524,843 | 199,840 | 14,933 | 759,282 | 1,474,936 |
| 2012年 | 513,097 | 193,096 | 15,865 | 722,058 | 506,370 | 213,865 | 15,852 | 736,087 | 1,458,145 |
| 2013年 | 499,977 | 154,337 | 16,923 | 671,237 | 490,182 | 178,710 | 16,625 | 685,517 | 1,356,754 |
| 2014年 | 511,813 | 220,204 | 19,963 | 751,980 | 507,102 | 235,563 | 19,448 | 762,113 | 1,514,093 |

資料來源：內政部入出國及移民署。

## （三）小三通功能升級與類型討探

　　小三通自2001年開辦以來，14年來就在不斷制度創新、範圍擴大的演化，可歸納出功能類型變化，以及依照功能升級擴大趨勢。首先，將小三通演進，進行歷史縱向階段的分期定義，將小三通14年發展的基本態勢作一番基本的歷史性描述；進而針對不同時期橫切面的功能結構的探討，進而歸納出「正常化」、「中轉化」與「加值化」三項功能類型，而這三項功能類型並無取代的問題，而是不斷的累積升級，呈現多層次開展的局面。

　　小三通的制度演化，可以在「新制度主義研究途徑」（New-institutionalism）中制度變遷理論得到啟發，制度變遷並非是泛指制度的任何一種變化，而是特指一種效率更多的制度替代原有的制度，而制度變遷的動力來自於制度變遷的主體－以經濟單元「成本／收益」來計算與衡量，這其中涉及兩項觀察變數：制度創新與功能擴溢兩方面能找到相對應關係（Peter，1999:63-77；何景榮譯，2002:92），本章期許在小三通制度創新功能方面，透過類型化模式，可以發揮未來政策引導的作用。

　　首先是「正常化」功能，「小三通」作為一項政策工具在不同階段有不同的目標，從台北中央政府的角度，當年「小三通」開始時被當作是兩岸隔離半世紀之久的破冰之作，是緩和兩岸關係的政策工具，後來，「小三通」又被當作是未來兩岸直航的過渡期，是為兩岸直航而準備。因此小三通這項政策不是單純為金門發展的設計，明顯地他肩負了開展兩岸關係功能，提供台灣實現兩岸直航的戰略縱深，直到現在「小三通」這項政策工具依然具有維繫兩岸關係和平發展的正常化功能。

　　其次轉型「中轉化」功能，2008年馬政府上台後兩岸關係和

緩，兩岸兩會重啟協商，此時在兩岸直航政策準備上路前夕，台灣中央政府加速大幅鬆綁「小三通」發揮兩岸「中轉化」功能，但因2009年兩岸直航，金門享有「中轉功能」時間僅一年多而已，就出現了有被直航邊緣化的危機，然而，「小三通」便捷化程度，在兩岸往來的時間成本與機船票價成本仍具優勢，[10]「小三通」仍持續發揮中轉功能，只不過是因直航隨後就開放，金門並未取得太大的中轉利益，加上金門觀光基礎設施不足，呈現「過境不過夜」、「過境不消費」，所謂小三通中轉功能並未帶給將金門當地太多實質的經濟效益（林佳龍等，2013:109-116）。

　　2008年以後兩岸兩會重啟協商，完成十次兩岸兩會高層會談，至今兩岸簽署近21項重要協議，包括兩岸經濟合作框架協議（ECFA）等，兩岸關係不但從過去非正常化到正常化，還從關係正常化提昇至緊密化，此外，小三通適用範圍擴大實現完全中轉功能，以及如何因應因兩岸直航所帶來邊緣化風險，下一階段「小三通」應何去何從？如何銜接過去既有的正常化、中轉化的功能，並朝未來繼續功能升級呢？

　　兩岸直航時代來臨，未來「小三通」將轉型至以發展金門主體的優先考量，因此地方政府將以抗拒邊緣化危機，並積極創造「小三通」概念的金門在地產業，因此小三通功能類型將以為在地「加值化」為主。

　　因此，本文從結構功能角度，金門實施小三通在發展方面可分為「正常化」、「中轉化」與「加值化」三項功能類型（見表4-2），茲說明如下：

---

[10] 陳建民、邱垂正，2009，《兩岸直航後對小三通影響之研究——以人流管理途徑的分析與建議》，行政院陸委會委託研究，頁1-2。

## 1. 正常化功能類型

2001年1月1日金門實施「試辦金門馬祖與大陸地區通航實施辦法」（簡稱「小三通」，初期目的在於小額貿易或是非法岸邊交易能除罪化並納入管理，並確保金門鄉親食品衛生安全，中央各部會派駐金門碼頭組建港區CIQS（海關、移民署、檢疫局、港警局、海巡署），並於現在金門總兵署設立「行政院實施小三通的行政協調中心」，剛開始實施時，不但遭遇對岸大陸政府的軟抵制與冷處理，全年人數來返僅兩萬餘人次，部分金門鄉親生活受到強制管理影響，屢屢與當時岸巡隊員迭有衝突事件傳出，小三通從「萬事起頭難」出發，慢慢漸入佳境，於2004年全年人數來返已達四十萬餘人，2005年達五十萬餘人，每年平均增長十萬人數，呈現穩定發展。在兩岸關係仍處於不正常的互動時，金廈小三通能率先正常往來，為兩岸正常化往來奠下基礎，彌足珍貴。

## 2. 中轉化功能類型

2008年政黨輪替兩岸關係呈現和緩，馬政府上台第一項大陸政策的提出，就是「小三通」中轉化，2008年6月「小三通人員往來正常化」實施方案、2008年9月「小三通正常化推動方案」，促進金門成為兩岸人員往來及交流的便捷通道。金門與福建（廈門、泉州）目前計2個海上航線，每日往返42航次，14年間累計已達1千2百萬人次。金門繼港澳成為兩岸重要的中轉管道，然而中轉人數之多，並非意味就會帶來經濟產業的豐碩成果，除了特定的船運公司、免稅店、餐廳之外，「過境不過夜」「過境不消費」已成為金門鄉親心中難說的痛。

### 3. 加值化功能類型

　　展望未來小三通不應只是在滿足兩岸民眾往來的便捷通道，而必須思考讓「小三通」成為金門鄉親增加就業機會、創造商機財富的新渠道。這必須仰賴兩岸兩會進行協商，透過兩岸次區域合作機制，一舉解決小三通人流管理的政治障礙、並擴大金廈旅遊合作範圍，配合擴大金門免稅島的商品範圍與優惠措施，相信短時間就能見到小三通進入加值化的新時期。長期而言，要發展「加值化」的小三通，除了自身創造出積極誘因與條件增加對產業與觀光客吸引力之外，[11]不能光靠台灣的開放政策，還必須與中國大陸展開協商才能達成「加值化」目標。

　　以近期金門縣政府致力於海內外積極招商引資，昇恆昌金湖廣場、台開風獅爺商店街等都已陸續營業，但也因人流不足而出現鉅額虧損，若無法自大陸引進人流，後續的各項投資計畫包括：水頭國際港經貿園區、莒光湖觀光飯店開發案、溪邊國際觀光休閒渡假村開發案、金門生態渡假園區、金門縣綠能產業專用區計畫案等等，都將可能因人流有限而被迫喊停。

　　小三通要邁向加值化功能的里程碑，目的都再使小三通旅客不再只是「過境不過夜」或「過境不消費」，而是以金門為目地，進而發展金門經濟產業，使小三通功能真正成為島嶼產業加值化的政策利器，以目前中國大陸採取嚴格的人流管理體制（范世平，2005：61-97），[12]若沒有透過兩岸次區域合作機制，不易

---

[11]　根據陸委會在開放小三通自由行說明會中，交通部觀光局資料中指出金門可提供住宿有22家旅館，71家民宿，總計可提供1335房間，請參見：交通部觀光局，2011，〈行政院大陸委員會小三通自由行說明會〉，陸委會網站。

[12]　中國大陸是全世界少數實施出境嚴格管制的國家之一，加上經濟發展快速，城市人均所得已達中產階級水準，使得「出境旅遊」成為中國政府

促大陸當局開放人流。

　　如何擴大小三通功能朝向「加值化」，如何相嵌在大陸「海西區」發展而共容共榮，涉及兩岸協商問題尤多，然而，邊境事務往往涉及主權與安全問題，並非地方政府職權，需要透過兩岸中央政府進行協商，達成協議後或授權地方政府，兩岸次區域合作才能有效展開。

### 表4-2：小三通功能升級與類型概念一覽表

| 功能定位<br>比較項目 | 正常化 | 中轉化 | 加值化 |
|---|---|---|---|
| 政府角色 | 積極性 | 消極性 | 積極性 |
| 政策內容 | 建立金門與中國CIQS | 擴大小三通的適用範圍 | 簡化簽證、提出政策優惠措施、落實投資計畫、促進金廈小三通產業合作 |
| 政策目標 | 除罪化。<br>解除軍事對立<br>建立與中國正常邊境管理關係 | 實現兩岸人流、貨流透過小三通中轉避免直航後，邊陲化小三通 | 將「小三通」與金馬地區長期建設能進一步結合<br>確保「小三通」對金馬地區之實質經濟效益<br>推動小三通與中國海西區發展接軌，例如，金廈旅遊合作 |
| 金門的角色思考 | 工具 | 工具 | 主體 |
| 政策執行 | 04年43萬人次，每年增加10萬餘人次，至07年為77萬人次 | 2008年突破百萬人次<br>2009年128萬人次<br>2010年138萬人次<br>2011年147萬人次<br>2013年135萬人次<br>2014年151萬人次 | 小三通自由行<br>廈門赴金門延伸旅遊<br>地方政府提出各項投資計畫 |
| 功能評估 | 為兩岸直航積累經驗<br>促進兩岸關係發展的正常化 | 完成兩岸間的快速中轉<br>過境不過夜、過境不消費 | 小三通制度化利益應以繁榮金馬澎為主<br>小三通相關產業 |

作者自行製表

---

重要的外交與兩岸籌碼。

　　以金門而言，融入「海西區」次區域合作對經濟發展有助益，加值化的「小三通」才能有效落實，但「兩岸人民關係條例」規定大陸事務屬於中央職權，在沒有獲得台北中央政府的同意與授權之前，金門縣政府不可能與中國大陸進行協商，為了兩岸關係大局發展，現階段北京也不可能與之片面協商。因此，邁向功能加值化的小三通，發展與大陸海西區次區域合作，這是金門發展契機，但必須取得兩岸中央政府同意為前提，2015年2月原本計畫召開金門王張會，專門討論金門民主福祉議題，備受金門鄉親與地方政府熱烈期待，但因復興航空空難影響，被迫延期。

## （四）小三通實施成果及邊緣化問題分析

　　自馬政府上台以來，迄今已進行10次兩岸高層會談，簽署了近21項兩岸協議與重要共識，包括兩岸直航、陸客來台、司法互助，以及兩岸經濟合作協議架構（ECFA）等等，兩岸關係不但從過去非正常化到正常化，還從關係正常化到緊密化，累積相當成果。期間除了多方的共同努力外，十幾年來小三通對兩岸所營造善意和解、培養雙方合作默契的關鍵作用著實功不可沒。

　　就時間角度而言，小三通是目前兩岸雙方維繫不中斷最久的互動管道。過去十年兩岸政府雖曾因政治立場不同，常引發緊張對立情勢甚至陷入關係惡化，低盪影響著小三通的流量，但小三通的運作與暢通卻始終沒有被政治低盪氛圍所削弱，係目前唯一一項歷經14年仍完整地被兩岸政府所刻意遵守的兩岸政策，標記著兩岸和平發展的重要階段。

　　過去14年已經證明，小三通不但是兩岸善意合作累積的寶貴資產，更是雙向互利的制度標竿。然而在亮麗數據背後，卻潛藏著小三通未來可能面臨的隱憂。首先是人流與消費問題，兩岸海

空直航效應發威是小三通邊緣化的重要因素，近年來兩岸直航航點、航班快速增加，許多大陸地區二、三線城市與著名旅遊景點都與台灣直航開航[13]，從2009年開始，兩岸直航由21個航點，每週雙方共飛108班班次，到2014年9月底的55航點，每週雙方共飛840班班次，[14]不到5年，航點增加2.5倍，兩岸直航航班增加8倍，加上直航票價日趨合理化，甚至出現促銷價，直航市場力量與日遽增。除了空運直航之外，兩岸海運直航亦稀釋金門小三通人流，福建目前擁有三條直航台灣本島的海上客滾班輪航線，分別是廈門至台中、廈門至基隆的每週定期班輪航線，平潭至台中的「海峽號」客滾輪快捷航線，這些海運直航增長都會加劇金門小三通邊緣化。

例如福建平潭與台灣基隆、台中的「海峽號」海運直航，2012年總計有10萬人次，2013年預計加開平潭至台北港，加上另一艘客滾快速輪「麗娜號」順利加入營運，預計2013年底將達20萬人次。[15]而中國大陸為世界少有的人流管制嚴格國家，觀光人流往往可配合政策規劃，「平潭綜合實驗區」是大陸海西區建設的亮點與招牌，平潭海運直航的遊客數量勢必衝擊金門、馬祖小三通人流。

面對直航可能對小三通威脅，2008年以來台灣政府與大陸政

---

[13] 兩岸自2009年8月31日起進入定期航班階段，截至2013年4月為止，大陸二、三線直航地點共計有54個航點，兩岸的定期班機為558班，陸委會，2013，〈兩岸十八項協議執行成效〉，4月，頁9-10，陸委會網站：http://www.mac.gov.tw/ct.asp?xItem=102611&CtNode=7361&mp=1。

[14] 汪淑芬，2014年9月26，〈兩岸再增班，每週增至840班〉，中央社網站：http://www.cna.com.tw/news/ahel/201409260205-1.aspx；張佩芬，2014，〈兩岸客運新增兩航點〉，《工商時報》，9月27日，第A7版。

[15] 作者曾於2013年元月24日至26日於平潭實際調研，曾詢問平潭海峽號一年內如何能累積10萬人，平潭台辦處長林桂強表示，主要是大陸旅行團。未來在新船麗娜號加入營運，預計可增加另一個10萬人次。

府並積極放寬小三通政策（如下圖），避免小三通邊緣化，因此相應推出各項對小三通有利的加值化，台灣方面，2008年6月19日推出第一次「小三通正常化」擴大放寬台灣民眾與外國人可以透過小三通往來大陸，同年9月4日推出第二次「小三通正常化」方案，提供貿易航運便捷化措施，簡化人員入出境手續。直航後，繼續2010年7月15日推出第三次「小三通正常化」方案，全面開放大陸民眾透過「小三通」中轉，延長許可停留效期，促進海運的合理化與制度化，促使小三通與台灣人流管理制度一致化，並強化小三通營運競爭力。至2011年6月13日在金門縣政府與金廈旅遊業者努力下推出「金門一日遊」，增加來金旅遊陸客數量，2011年6月28日兩岸啟動自由行，推出北京、上海、廈門居民來金自由行，2011年7月29日開放福建省居民赴金馬澎自由行，目的皆在活絡金門觀光旅遊。

　　兩岸啟動直航，中國大陸政府也因應配合小三通的加值化措施，包括2008年9月7日宣布擴大大陸13省市適用「小三通」，2009年5月19日宣布「海西區」戰略構想，發佈「國務院關於支持福建省加快建設海峽西岸經濟區的若干意見」，其中包括推動兩岸與金廈旅遊合作，共同打造金廈旅遊圈品牌等等（如圖4-3）。

　　上述兩岸政府避免「小三通」邊緣化的各項優先與放寬限制政策，都可以是是為小三通「加值化」的政策，包括小三通相關的便捷化措施，包括小三通一條龍服務、行李直掛，落地簽與改善通關碼頭軟硬體等等。

　　然而上述兩岸政府的大多數政策取向在於取消管制，政府的角色基本上是一種不作為的消極性放寬政策，政府積極性強化小三通功能部分較少，例如所謂水頭碼頭「落地簽」仍屬於「來岸取證」性質，必須前一日（四小時前）提出申請，又如縣政府

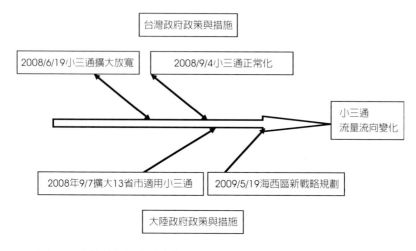

**圖4-3：直航前夕兩岸政府為小三通加值化的政策**（作者自行繪製）

　　爭取廈門旅遊團的「金門二日遊」，申請案件爆增，皆未見台北中央政府增補人力物力，顯示台北中央政府對強化小三通軟硬體，提升小三通功能升級方面，態度保守並不積極。經過中央與地方協商，2014年在地方政府協助下，[16]台北中央政府宣佈2015年起開辦小三通「落地簽」政策，以加速方便大陸民眾入境金馬澎離島。

　　小三通中轉需求雖在直航後仍能發揮功能，但漲幅已不若過往動輒2位數以上的成長率，2010年與2011年漲幅皆在5%以下，2012出現逆成長，2013年創下最大跌幅，小三通人流減少證明兩岸直航市場需求逐步凌駕小三通中轉需求，這段期間消長變化，出現了邊緣化大於加值化，小三通人流出現逆成長，未來小三通將在「沒有加值化就邊緣化」的消長拉拒，如圖4-4所示。

---

[16] 金門縣政府編列地方政府預算支援中央移民署開辦落地簽業務費，以利「落地簽」政策實施，成為地方經費支援中央政府機構開辦所屬業務的罕見實例。

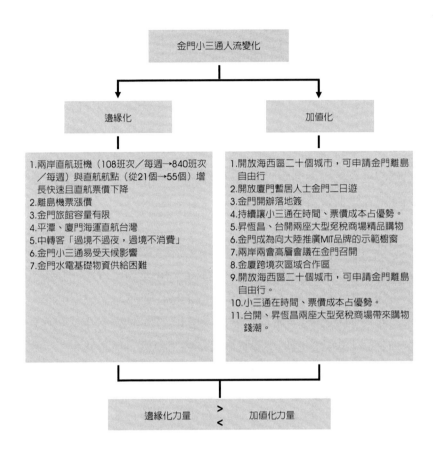

圖4-4：未來小三通的加值化VS邊緣化（作者自行繪製）

## （五）未來小三通次區域合作的幾點建議

展望小三通的未來，台灣政府必須思考的重點除了在於如何避免小三通在大三通開放的衝擊下遭受到邊緣化，亦應將結合中國大陸次區域發展規劃。當前小三通所呈現「正常化」功能，已隨兩岸直航與經濟緊密而式微；「中轉化」亦隨兩岸直航更趨便捷快速與多樣選擇，逐漸籠罩在邊緣化陰影之下。

　　所以，無論中央政府或地方政府皆不應只在滿足過去小三通作為兩岸關係正常化領頭先鋒，或是滿足於兩岸民眾往來中轉化便捷通道的成就，應立即針對小三通的功能予以升級、強化因應邊緣化挑戰。畢竟金門屬離島地區，除非是金廈大橋獲得兩岸政府同意興建，否則小三通仍將是金門最重要的交通、經濟命脈。若要永續經營小三通，不可能只依賴中轉功能，**必須進一步將小三通制度化的利益朝向「為離島地區產業加值化」，才能確保小三通對在地的經濟效益。**

### 1. 中央政府應主導小三通功能轉型

　　由於小三通涉及與大陸協商，必須仰賴兩岸兩會進行協商，不可能假由或授權地方政府，中央政府應主動透過與對岸協商，主導小三通功能轉型並將小三通制度化利益還於金馬民眾所享有。過去中央政府處理小三通業務時「工具性」色彩濃厚，目的主要還是以營造兩岸關係與擬定兩岸政策為主，小三通僅是階段性的工具。

　　從正常化、中轉化以後，小三通要進一步加值化，中央政府必須盡量回歸到「離島建設條例」的精神，協助地方政府推動小三通功能升級；只有在「離島建設條例」的框架下，獲得中央政府提供「先行先試」、「租稅減免」等優惠政策以及相關人力與經費挹注，小三通進一步加值化才有可能。

### 2. 中央政府應成立專責機構規劃管理小三通「加值化」發展

　　目前台北中央政府並無專業島嶼治理人才，多是以「陸地思考邏輯」為出發點，忽略離島嶼經濟環境的脆弱性，缺乏永續發展的計畫藍圖，例如提出「金馬中長期發展計畫」即以台北觀點

看待離島，無限制的開發觀點，缺乏對島嶼生態冷靜關懷，對金門島嶼資源稀缺與特殊災害視而不見、放任不管，終令計畫與環境無法配合，很難有成就。

因此，加速推動加值化的具體作為上，中央政府也必須成立專責機構強化島嶼治理，將小三通功能加值化納入整體的發展計畫。此外，中央政府亦可重新思考「行政區重劃」問題，金門對中央政府「工具性」的治理方式也頗有微詞，建議可參考過去日本東京都將偏鄉島嶼納入的行政區作法，過去研究曾建議將金門與台北市合併，以解決區域資源分配不均的問題，強化與廈門合作的位階與實力，但國土規劃與行政區劃的議題涉及層面甚廣，值得持續深入探討。

### 3. 地方政府應發揮「區域差異化」，帶動產業轉型

長期而言，要發展小三通加值化，不能僅靠中央政府的開放政策，地方政府也必須採取主動積極的態度，創造自身競爭條件。當前金門與廈門的經濟發展差距已越來越遠，如果沒有發展的主動性，只是被動的接受海西區的幅射，金馬終究只會成為廈門眾多的後花園之一。然而，金門其實具備條件形成數個專業的發展核心，地方政府除應儘速針對水電資源開發、自由經濟示範區、擴大服務腹地，成為MIT品牌及優質服務業對中國的示範櫥窗等方向努力，以在後直航時代繼續作為兩岸交流之先行試區外。如何發揮「區域差異化」創造產業誘因吸引人潮、錢潮，以作為吸引海外華人企業基地拉並近小三通兩岸失衡，應是當前迫切要解決的任務。

建議金門可先朝向觀光、文化產業發展，區隔中國大陸市場。觀光、文化產業則必須互相結合，相輔相成，包括：展現當

地特色，融合島嶼風情、閩南文化、僑鄉景觀、戰地史蹟及高粱產業等，打造成為國際觀光島嶼，並推動周邊基礎建設，如改善碼頭設施、交通運輸以及尚義機場擴建等以提升旅遊條件。更重要的，金門應繼續積極爭取「兩岸兩會」在當地舉辦，相信短時間就能見到小三通進入加值化的新時期。目的都在使小三通旅客不再只是「過境不過夜」或「過境不消費」的中轉站，而是轉為目的地，進而發展金門經濟產業，使小三通功能真正成為金門產業加值化的一項政策利器。

## 4. 結合中國區域發展規劃納入長期發展藍圖

在結合中國的區域發展規劃上，應思考的焦點則應著重於如何從中國大陸提出的規劃項目中找到小三通的發展機會。建設海西區成為兩岸試點和直接往來的綜合樞紐，是中國「十二五規劃」的政策之一，亦是「十一五規劃」的延續。未來，兩岸在ECFA框架下持續發展，金門在台灣與福建海西區發展規劃的交流接軌中扮演著關鍵媒介角色。尤其面對宣傳力度很大的海西區兩大抓手——平潭綜合實驗區、廈門綜合配套改革實驗區，以及即將成立的福建自貿區，其目的都是為了與台灣經濟對接，但從經濟戰略角度，金門可以成為台灣的經濟緩衝區，位置處於海西區金門若沒有參與海西建設，金門沒有得到發展機會，沒有金門的經驗垂範，海西區的成效與吸引力就難接受說服台灣。相對地，台灣中央政府規劃由金門與福建先行先試，讓雙方展開合作、同步規劃，促進產業對接與政策加值創新，既可以照顧並繁榮金門離島，又能以金門作為海西區對台灣經濟對接的緩衝區，保護台灣整體經濟利益。

　　如何擴大小三通功能朝向「加值化」，如何鑲嵌在中國大陸海西區發展，涉及兩岸協商問題尤多，中央政府最終責無旁貸，尤其應去除本位主義，強化在地關懷，協助地方政府進行招商引資工作，對島嶼經濟給予更多更合理的優惠措施，特別針對離島基礎建設難題，包括優先克服地下水資源稀缺、霧鎖機場、中國海飄垃圾與海洋污染等應趁早予以規劃，「加值化」的小三通才有可能打造金門成為「黃金之門」，並抵擋住邊緣化的威脅。

# 第五章 現階段「平潭綜合實驗區」對台次區域合作的規劃與實施成效

## 一、「平潭綜合實驗區」對台特殊政策的制度分析

### （一）對台政策的制度建立與創新

#### 1.制度建立

2011年中國國務院正式批准《海峽西岸經濟區發展規畫》，福建省委宣佈「平潭綜合實驗區」成立，以「五個共同」：共同規劃、共同開發、共同經營、共同管理、共同受益；「三個放」：放地、放權、放利為主要模式，接著又在2011年12月中國國務院批復，國家發改委正式發佈實施《平潭綜合實驗區總體發展規畫》，[1]自此在通關模式、財政稅收、投資准入、金融保險、對台合作、土地配套等方面賦予「平潭綜合實驗區」比經濟特區更加特殊更加會的政策（福建省平潭綜合實驗區管理委員會，2014）。

以往在有關促進兩岸合作的制度設計中，目前主要都是以「單方惠台」的制度設計為主：從國家法律法規和政策層級、地方性法規和規章層級到其他政策性檔，顯示中共當局的對台政策往往集中於「單方惠台」的現象，儘管此類制度的設計與實施，有利於台商在中國大陸的保障與長足發展，但從長遠來看，卻

---

[1] 參見「國務院:發布《平潭綜合實驗區總體發展規畫》」，人民網，方雲偉，2012年2月14日。

是鮮少觸及兩岸企業的融合互動，亦使這種制度的制定缺乏創新，並不是兩岸長期合作發展的健康模式。[2]如福建省資訊化局課題組在《平潭構建兩岸資訊技術產業合作先行先試區的設想》一文中所指出的這種「單方惠台」政策在創新層面的五大問題：單向、內爭、雷同、籠統與務虛。許多大陸學者開始注意到此問題，因此在平潭綜合實驗區的對台政策中，中共或多或少地將體現出不同於以往的制度創新，從「單向惠台」朝向「共同受益」；亦從「單向管理」朝向「共同管理」、「共同經營」等方向發展。此外，就平潭綜合實驗區區域管理機制涉及與原有政府層級隸屬、島與兩區管理關係、與平潭縣委、縣政府的關係、平潭實驗區各功能區與鄉鎮之間關係，以及與中央政府或上級協調機制等，都是前所未有涉及政府職責的改革與創新。（黃速建、李鴻階，2011：152-158）

## 2. 制度創新

在海西區的建設框架中，事實上廈門與平潭都同樣作為「兩岸交流合作先行區」的建設構想，其發展發案亦獲得中共中央相繼批准，亦都同樣被賦予了對台政策「先行先試」的政策支援與權限。但在過去數十年的發展歷史中，兩者之間在基礎建設與發展程度上的差異卻極為顯著。無論在對台合作、台商分佈、基礎建設、社會環境、經濟發展、產業現狀、人才集聚等方面，廈門均遠遠領先平潭。因此，平潭綜合實驗區若欲達到「兩岸交流合作先行區」的境界，勢必在「制度創新」層面有全新路徑的開拓與全新模式的創建，突出與廈門綜改試驗區的差異化，以追

---

[2]　鄭柵潔，2012，《平潭綜合實驗區總體發展規劃解讀》，福建，海峽出版發行集團。

求兩岸更緊密的合作，乃至是能「促進兩岸社會融合方面的獨特功能」，方能充分發揮其優勢，以身為「後發者」卻能「後發制人」的姿態佇立於海峽西岸經濟區中（石正方，2011：26-35）。

平潭綜合實驗區的成功與否，其中很大一部分關鍵即在於在兩岸交流、合作與兩岸關係問題上的「制度創新」。制度創新能否成功的重要條件，即是中共中央是否賦予平潭在對台合作領域中的「先行先試」相關政策。相較於以往政策偏重於經濟合作層面，平潭「先行先試」的制度創新即在於是擴及行政體制、法律體制、經濟體制與社會管理體制等多方面的「先行先試」（宋炎、王秉安、羅海成，2011）。其最終目標亦不似往常僅停留在「兩岸交流合作先行區」而已，而是希望更進一步朝更深層的、更具認同感的、更堅固與穩定的「兩岸共同家園」的目標邁進。其與以往對台政策的創新與突破可見一斑，而隱藏其中的對台統戰之政治意圖亦有跡可循。

在平潭綜合實驗區的相關報導出現於台灣政經社會後，最引發關注的莫過於「五個共同」：兩岸共同規劃、共同開發、共同管理、共同經營、共同受益。而「共同管理」的全新概念，最震撼台灣社會神經的議題，其不僅可能將直接挑戰台灣現有的兩岸法規與條例，亦讓關於「政治特區」、「統戰思想」、「一國兩制」之類的臆測沸沸揚揚。政治議題，向來是兩岸互動中最敏感的神經。但平潭卻揮舞著「共同管理」、「學習台灣社會治理模式」、「引進台灣高階管理人才」的大旗，在行政管理與社會管理的體制與法規上力求創新，引進「台灣元素」（黃速建、李鴻階，2011：163-182）。平潭對台政策的制度創新，可見不僅僅是著重於短期的、可見的、專門於經濟效益層面的政策考量；而是長遠的、深層的、廣布於各個層面的「戰略規劃」，一切以有利

於實現祖國統一為基本出發點，一切以實現中華民族核心利益為根本著力點（黃速建、李鴻階，2011：98）。中國社會科學院台灣研究所研究員王建民也撰文指出：「……其重要的戰略目標就是要為未來兩岸關係的長遠發展、兩岸社會融合與未來兩岸政治統一的制度安排累積經驗。」[3]

　　「共同管理」的制度創新，還表現在：1.將在平潭「三放」政策：「放地、放權、放利」；2.以高薪引進台灣人才千人以上；3.引進台灣各縣市與機構的社會管理模式，4.特定區域內由台灣人來治理開發平潭等四項制度創新。平潭管委會自成立開始，便標榜著「大綜合、扁平化、高效率」的新體制，管委會只設『兩部六局』（黨群和對台工作部，社會、公安、經發、交建、財金、環境6個職能局）。福建省省長蘇樹林指出：「平潭的開放開發必須倚重國外以及台灣人才的能力。」預計將招募20名左右的高階管理台灣專才，最高職務包括平潭綜合實驗區的管委會副主任，其他還有管委會辦公室副主任、實驗區經濟發展局副局長、環境與國土資源局副局長、交通與建設局副局長、發展研究中心副主任等職，年薪高達二十至六十萬人民幣，並提供免租金公共租賃房等生活機能補助。（如表5-1）而蘇樹林更於2012年3月來台期間公開宣傳，表示平潭將招募千人的台灣專才，以達「共同管理」與「兩岸共同家園」之效。[4]

---

[3]　王建民，2012，〈平潭綜合實驗區嘗試兩岸合作的制度創新〉，《華廣網》，8月3日，http://www.chbcnet.com/pl/content/2012-08/03/content_361737.htm，2015年1月24日上網。

[4]　陳東旭、李青霖，2012，〈蘇樹林：強調平潭決策不是招商，而是營造宜居環境，建設一個兩岸共同家園〉，《聯合報》，3月26日，第A13版；黃欣、李書良，2012，〈年薪60萬人民幣 平潭廣招台灣專才 福建省長強調「待遇高於台灣水準」〉，《工商時報》，2月12日，第A1版

表5-1：平潭綜合實驗區招聘台灣專才概況

| 單位 | 職缺 | 工作內容 | 基本條件 | 年薪（人民幣） |
|---|---|---|---|---|
| 管委會 | 管委會副主任辦公室副主任 | 對台經貿、招商引資、法規制定 | 學歷：大部分要求碩士以上 經歷：兩岸經貿相關工作經驗5年以上 | 20～60萬元 |
| 實驗區 | 經發局副局長環土局副局長交通局副局長發展研究中心副主任 | 開發市場、城鄉建設、通關 | | 25～40萬元 |
| 其他 | 平潭縣醫院副院長平潭縣職業中專學校副校長 | 醫療、教學 | | 25～60萬元 |
| 實驗區旗下7公司 | 技術人員至副總經理 | 傳媒、水利、地產等 | 5年相關工作經驗 | 20～40萬元 |

資料來源：林琮盛、黃欣、李書良，2012，〈福建平潭島放地放權放利，高薪引進台灣人才〉，《旺報》，2月15日，第A4版。

除了共同管理的制度創新之外，其他制度創新亦表現在通關、稅收等政策層面。在《海關總署關於支援平潭綜合實驗區開放開發的意見》全文中指出：「支援平潭發揮減免稅稅收政策優勢，創辦兩岸合作的高等學校，建設兩岸文化產業園，興辦兩岸合作的醫療衛生設施，加強兩岸教育、文化、衛生等領域的合作交流。」而其目的在於「促進兩岸之社會融合」。

## 3.特殊政策

茲將中國國務院賦予平潭綜合實驗區特殊政策措施（福建省平潭綜合實驗區管理委員會，2014：51-53），彙整如下：

## （1）通關政策方面

平潭將採行的「創新通關管理模式」，其基本內涵為「一線放寬，二線管住、人貨分離、分類管理」。其中特別強調在平潭

圖5-1：平潭綜合實驗區採「一線放開、二線管住、人貨分流、
分類管理」，圖為平潭二線關閘口。2015年2月作者拍攝。

與境外口岸之間人貨往來的「一線」放寬管理，以利兩岸間貨物
與服務的往來能更加順暢。同時，將辦理臨時牌照的權限下放給
平潭的車輛管理部門，並允許台灣的機動車在臨時牌照的有限期
間內能夠多次進出平潭。

（2）稅收政策方面

中共國務院則擬對境外進入平潭與生產有關的貨物給予免稅
或保稅。在平潭工作的台灣人涉及個人所得稅問題時，暫由福建
省政府按大陸與台灣所得稅付差額對台灣居民進行補貼。在平潭
設立出境開放口岸的前提下，按現行有關規定設立口岸離境免稅
店。參照現行大嶝島對台小商品交易市場的模式，支援在平潭設
立台灣小商品交易市場。茲將平潭稅收優惠，簡述如下：

（3）優惠保稅、免稅政策

　　對從境外進入平潭與生產有關的貨物給予免稅或保稅，支援平潭積極承接台灣及境外高新技術產業轉移，加快發展現代物流、商貿流通、研發設計、會展等服務業，打造以高新技術產業和現代服務業為主導、具有較強競爭力的特色產業體系。

（4）「企業自主選擇徵稅貨物狀態」政策

　　對平潭保稅加工貨物銷往內地，試行按其對應進口料件或按實際報驗狀態徵收關稅的政策，促進平潭保稅加工產業發展，建設海峽西岸高新技術產業基地。

（5）優惠出口退稅政策

　　對中國大陸內地與生產有關的貨物銷往平潭視同出口，按規定實行退稅，支援平潭加快基礎設施建設，加快開發建設步伐。

（6）優惠旅遊購物政策

　　支援平潭設立口岸離境免稅店和台灣小商品交易市場，發揮平潭旅遊資源優勢，加強兩岸旅遊合作，以達將平潭建設成為國際知名的海島旅遊休閒目的地。

（7）金融政策方面

　　支持台灣的金融機構在平潭設立經營機構，支持銀行業金融機構在平潭設立分支機構。允許福建省內符合條件的銀行機構、外幣代兌機構、外匯特許經營機構，在平潭辦理新台幣現鈔兌換業務。支持符合條件的台資金融機構根據相關規定在平潭設立合

圖5-2：2014年平潭台灣商品免稅市場正式開幕營運，截至2015年
2月統計共有170家廠家進駐營運。作者攝自平潭小貿商城。

資證券公司、合資基金管理公司。允許在平潭的銀行機構與台灣
銀行間開立人民幣同業往來賬戶和新台幣同業往來賬戶，允許平
潭符合條件的銀行機構為境內外企業、個人立人民幣賬戶和新台
幣賬戶，並積極研究具體操作辦法。允許平潭的台商投資企業在
境內發行人民幣債券，探索在香港市場發行人民幣債券。

　　在方便兩岸直接往來與方便台胞就業生活政策方面，支持設
立平潭水運口岸，列為對台海上客貨直航點，構建兩岸直接往來
快通道。允許符合條件的平潭居民及在平潭投資、就業的其他大
陸居民經批准辦理往來台灣一年有效多次簽注。允許台灣地區機
動車在臨時牌照有效期內多次自由進出平潭。允許台灣的建設、

醫療等服務機構及執業人員，持台灣有權機構頒發的證書，在平潭開展相應業務。在平潭綜合實驗區內就業，居住的台灣居民可按中共國家有關政策規定參加當地養老、醫療等社會保險。

## 4.創業獎勵措施

此外為鼓勵與吸引台灣人前往平潭創業，在平潭綜合實驗區管委會發布的《關於支持台灣同胞創業發展的優惠政策措施》（福建省平潭綜合實驗區管理委員會，2014：54-55）中，從財稅、用地用海、人才引進、文教醫療等方面，提出了鼓勵台灣人到平潭創業的各項優惠政策與獎勵措施的支持。茲彙整如下：

（1）財稅優惠：

凡新入駐並符合實驗區鼓勵類產業目錄及相關條件的台企，自納稅年度起5年內，由實驗區依產業類別按其年繳納稅收的地方級財政分成部分的不同比例，分別予以獎勵。凡符合實驗區認定條件、在實驗區內註冊，年繳納地方級稅收100萬元及以上、且營運滿一年的台資金融機構（含台資參股的金融機構總部或區域總部），按其年繳納稅收的地方級分成部分的50%予以獎勵，且參照註冊資本額度由實驗區一次性給予相應獎勵。

凡新入駐的台企，自工商註冊登記之日起5年內，對涉及本區域內的行政事業性收費地方收入部分予以全免。而對高新技術台企投保出口信用保險，在省定給予保費補助、利用保單進行融資給予貼息補助的基礎上，實驗區再分別給予保費補助和保單融資總額貼息補助；對信用擔保機構為台企融資提供擔保，在享受省級信用擔保風險補償金補助的基礎上，實驗區再比照省裡補助標准予以風險補償。

（2）用地用海：

　　對新入駐的台企項目用地，按用地的所屬土地等級，在工業用地最低價標準的基礎上，再下浮一定幅度作為底價，「招、拍、掛」出讓土地使用權，同時土地出讓金繳納期限可延長至2年；對技術特別先進並符合入區條件的項目用地，給予特殊優惠，但其所獲得的土地使用權不得轉讓。對新入駐的台企，自工商註冊登記之日起3年內，企業需用海的項目海域使用金地方分成部分予以全免。

　　在產業園區內由實驗區統一承建的標準廠房、寫字樓、生活配套用房，按成本價售讓給台企，但10年內不得轉讓或轉租；屬台企租用的，給予一定比例租金補貼，補貼期限5年。

（3）人才引進：

　　在人才引進優惠措施方面，對適用引進條件，在實驗區內所有企業的台籍高管人員、各類專業科技人員（含文化教育等領域的人才），其在實驗區年繳納個人所得稅總額5萬元及以上的，由實驗區按每年繳納個人所得稅地方級分成部分一定比例給予貢獻獎勵，用於其個人購房補助和租房補貼。

　　凡屬引進科學研究和技術開發領域、經濟和金融管理領域、高等教育和培訓領域、現代服務及生產製造領域的台灣高層次人才，適用人才引進條件的由實驗區提供公租房；在實驗區內首次購買商品房，可優先購置一套限價商品房。

（4）文教醫療：

　　在加強教育文化和醫療領域合作方面，鼓勵和支持台灣高等

院校與大陸高校在實驗區聯辦平潭大學、中高等職業技術學校，鼓勵台胞獨資發展幼兒學前教育，實驗區在學校建設用地規劃審批、校舍設施建設、基礎設施配套等方面給予傾斜。

鼓勵和支持台灣文化創意企業創辦文化創意產業園區、文化創意小鎮，合作開展動漫產品製作；設立文化產業發展專項資金，給予台胞投資文化產業龍頭企業、文化產業園區等相應的項目補助、貼息或獎勵。

鼓勵和支持台灣醫療康復機構興辦獨資醫療機構及各類康復保健設施，設立台資獨資醫院，可自主選擇經營性質為營利性或非營利性。

（5）入出境便利化：

平潭將盡快成立公安口岸簽證機構，為入境的台灣居民落地辦理台胞證及簽注。同時，實驗區可為進入區內的符合條件的台灣地區機動車及駕駛人核發3個月臨時入境牌證，到期的可續辦3個月臨時入境牌證，在實驗區內使用。

進入實驗區的台灣居民，可到實驗區公安出入境管理部門申請辦理5年有效台胞證；需多次入出境的，可申請辦理一年多次有效來往大陸簽注；在實驗區投資創業和就業就學等需長期居住的，可申請辦理2-5年居留簽注，憑居留簽注可長期居住和多次入出境。

（6）關於賦予台胞市民待遇優惠政策：

台灣同胞子女在實驗區內就讀（含台商子弟學校），其學前教育、義務教育和高中階段教育，均可享受免費教育。

與實驗區企業形成勞動關係的台胞，應參加企業職工基本養老保險和職工醫療保險。未與實驗區企業形成勞動關係且常住平

潭一年以上的台胞，可參加與本區居民同等待遇的城鎮居民社會養老保險和城鎮居民醫療保險。

取得居留簽注5年以上且在平潭工作3年以上的台胞，本人及家庭成員在平潭無自有住房或未享有政策性住房的，可按規定申購限價商品住房。

## （二）平潭綜合實驗區成為中共對台對接政策的示範區

### 1.「海西區」與平潭綜合實驗區出台的政策背景

中國大陸福建地區自1994年開始倡議與台灣對接的經濟戰略構想，「海西區」概念逐漸被提出來（唐國忠，2009：3），尤其以盧展工擔任福建省黨委書記倡議最力，被納入「十一五」規劃，但因時逢民進黨執政，對「海西區」採取抵制不配合的政策，曾使海西區戰略構想難以實現，幾乎胎死腹中。然而2008年政黨輪替，馬英九執政後恢復兩岸兩會協商，並達成多項協議，兩岸關係出現空前和緩形勢，兩岸政府推動兩岸交流合作氣氛下，「海西區」戰略構想出現了推動的機遇期，2009年被中共國務院以「若干意見」具體落實，2011年「海西區」也被入「十二五規劃」。

2008年隨著馬英九政府的上台，兩岸關係出現緩和形勢，也讓福建力推的「海西區」出現難得的機遇期，北京當局重新審視這個與台灣具有「血緣、地緣、法緣、文緣、商緣」等五緣優勢的特殊區域，終於在2009年5月出台的「國務院關於支持福建省加快建設海峽西岸經濟區的若干意見」，讓「海西區」規劃獲得中央強有力的背書，國務院以實際各種政策與開發項目，大力發展「海西區」，中國國家主席胡錦濤，更在2010年春節選擇了在廈門與台商過年，以實際行動宣示對「海西區」政策的全力支

持，至此，「海西區」擁有中央全力背書奧援下，成為具有戰略高度的重點開發新區，被視為繼上海浦東新區、天津濱海新區之外，另一個開發新亮點，除經濟發展意涵，「海西區」兼具對台政策的政治目的。

中國大陸海西經濟區及平潭綜合實驗區正式納入中共十二五規劃項目，在2011年通過中共「國民經濟和社會發展第十二五年規劃綱要」（簡稱十二五）文件中，十二五規劃的第58章的章名「推動兩岸關係和平發展和中國統一大業」，是以**堅持和平統一、一國兩制」方針和現階段發展兩岸關係、推進中國和平統一進程八項主張，全面貫徹推動兩岸關係和平發展重要思想和六點意見，牢牢把握兩岸關係和平主題，反對與遏制台灣分活動」**作十二五規劃對台工作的政治前提。

其中第3節「支援海峽兩岸經濟發展區建設」：「充分發揮海峽西岸區在推進兩岸交流合作的先行先試作用，努力構築兩岸交流合作的前沿平台，建設兩岸經貿的緊密區域、兩岸文化交流的重要基地和兩岸直接往來的綜合樞紐。發揮福建對台交流的獨特優勢，提昇台商投資區功能，促進產業深度對接，**加快平潭綜合實驗區開放開發，推進廈門兩岸區域性金融服務中心建設。**支持其他台商投資相對集中地區經濟發展。」[5]

因此從十二五檔內容不難發現，「海西特區」與「平潭特區」具有高度濃厚的對台政治性統戰目的。過去台灣政府對大陸中央或地區所提出政治意圖濃厚的對台統戰經濟整合特區構想與方案，都會提高警覺而加以抵制，使得由福建地區所主導「海西

---

[5] 參見「中華人民共和國國民經濟和社會發展第十二個五年規劃綱要」，新華社，北京，2011年3月16日，http://news.xinhuanet.com/politics/2011-03/16/c_121193916.htm。

區」，一方面客觀上缺乏市場經濟吸引力，加上台灣政府主觀面的刻意杯葛拒絕配合，而奄奄一息。

## 2. 對台統戰政策的延續

　　平潭島自從於2009年中共出台「國務院關於支持福建省加快建設海峽西岸經濟區的若干意見」後，取得了發展的新契機，其後不管是土木工程、基礎設施、招商引資都擁有相當大規模的成長。作為中國在沿海新設立的「實驗區」，有別於廈門、深圳、天津等以追求經濟發展、招商引資為主的功能性經濟特區，在中央地方針對海西及平潭所公佈推出的各項政策都或多或少的提及「為兩岸統一奠下基礎」概念，這也代表平潭除了身肩海西區經濟發展的增長極任務外，更負有深層的政治意涵。

　　「國務院關於支持福建省加快建設海峽西岸經濟區的若干意見」文件中揭示「推動海峽西岸其他地區和台商投資相對集中地區發展的重大舉措；也是加強兩岸交流合作，推進中國和平統一大業的戰略部署，具有重大的經濟意義和政治意義。」

　　此後，2011年中國國家發展和改造委員會擬定推出的「海峽西岸經濟區發展規劃」文件中，在末段章節也提及海西區有關兩岸統戰的功能就是「推動海峽西岸經濟區在更高起點上實現又好又快發展，在促進中國和平統一大業和全國發展大局中發揮更大作用」

　　而中國在2011年發表5年一次的國家總體規劃「國民經濟和社會發展第十二個五年規劃綱要」（簡稱：十二五規劃）文件明確將海西經濟區與平潭發展寫入5年規劃綱要的第58章當中，該章節開宗明義清楚提及「**堅持『和平統一、一國兩制』方針和現階段發展兩岸關係、推進中國和平統一進程八項主張**」。

　　除了法律文案層面，在實務運作方面也可以見到中共積極

在各項場合力推「平潭綜合實驗區」，不僅打出「台人入平」、「台商入平」等徵才或招商口號，甚至2012年3月福建省長蘇樹林也利用訪問台灣時出席新竹市政府所舉辦的「平潭綜合實驗區發展座談會」，該場座談會名義上雖為新竹市政府主辦，但實際上則為雙方基於「共同默契」所推出的。[6]

### 3. 十八大後中共對平潭的強力背書

#### （1）十八大政治報告的延續

中共十八大的權力交替，標誌著領導人更替後政策的延續性，十八大的政治報告仍明載著「鞏固和深化兩岸關係和平發展的政治、經濟、文化、社會基礎，為和平統一創造更充分的條件」，「我們要切實保護台灣同胞權益，團結台灣同胞維護好、建設好中華民族共同家園」。在十八大報告雖未具體提及「海西或平潭」，但在理念是相呼應，包括鞏固與深化兩岸交流合作是為了統一創造條件，還首次以「共同家園」，而平潭的對台號召就是以建設「兩岸共同家園」為目標。

中共在過去十八大前，2009年通過「國務院關於支持福建省加快建設海峽西岸經濟區的若干意見」，2011年通過「中華人民共和國國民經濟與社會發展第十二個五年規劃綱要」，前述兩項重要規劃，主要目的充分發揮「海西區」在兩岸交流合作中的先行先試作用，其中設置並推動「平潭綜合實驗區」，2011年11月由國務院國家發展與改革委員會制定「平潭綜合實驗區總體發展規劃」。至此平潭的發展已具有中共中央政府背書的意涵，地方福建省並據此加大宣傳。

---

[6] 陳東旭、李青霖，2012，〈平潭計畫 蘇樹林：不會傷害台灣利益〉，《聯合報》，3月26日，第A13版。

（2）2013年對台工作會議與張志軍的「首演」

　　然而十八大後，經過中央與地方權力改組，平潭的開發發展是否有變動，中央是否仍持續給予背書，研究團隊經過實地調研，基本上平潭發展仍獲得中央強力背書。

　　首先在涉台領導會議中的大力保證，2012年新任中共常委、政協主席俞正聲在2013年2月主持「中共對台工作會議」仍強調全力推動「海西區」與平潭實驗區的建設。年度性對台工作會議，向來是中共佈達年度性對台的具體政策與方針，2013年起對台工作會議，連續三年至2015年，都特別標舉平潭政策是對台工作的焦點。新任中共政治局常委（現任政協主席）俞正聲在2013年對台工作會議中表示「今年要促進海西區的發展」談話，已率先凸顯平潭政策的延續性。

　　此外，在大陸兩會後，新任國台辦主任張志軍就選擇在福建平潭所召開「兩岸關係研討會」，作為上任以來首次的公開談話，顯示對平潭實驗區建設發展的政策延續，具有堅定一貫性，不因新人新政有所改變。3月新任國台辦主任張志軍首次亮相，由國台辦主要智庫海峽兩岸關係研究中心主辦第十一屆兩岸關係研討會，特別選擇在平潭島舉辦，張志軍在研討會中，強調兩岸經濟合作在穩步推進，其中一項就是「**繼續支援海峽西岸經濟區的各項建設，支持平潭綜合實驗區推動機制體制創新，在兩岸交流合作中發揮先行先試作用**」。[7]並於會後於平潭進行調研時強調，「**平潭開放開發建設已上升為國家發展戰略，發展態勢良好，中央台辦一直以來積極支持平潭開放開發工作。要大力宣傳實驗區的區位優**

[7]　〈張志軍在第十一屆兩岸關係研討會上的講話全文〉，2013年3月22日，國臺辦網站，網址http://www.gwytb.gov.cn/wyly/201303/t20130322_3980522.htm。

**勢、政策優勢，特別是對台灣島內的宣傳要加大力度」。**[8]

（3）2015年福建（平潭、廈門、福州）自貿區成立是中國對台
經濟戰略的配套措施

　　自去年12月國務院宣佈成立福建自貿區以來，係建立在海西
區與平潭綜合實驗區為基礎，預計3月廈門、福建、平潭等地的
推動自由貿易試驗區辦公室（自貿辦）將於3月成立。大陸規劃
福建自貿區明顯針對台灣而來，正當2015年為東亞自由貿易經濟
合作的關鍵年，然而在東亞區域整合趨勢下，台灣因在中共排擠
下，明顯是唯一被孤立的經濟體，基於台灣業者因區域主義下恐
被邊緣化影響下，大陸適時在福建設立「自貿區」，提供台灣業
者貨轉「自貿區」再出口的途徑，以免遭到關稅損失。

　　因此，福建自貿區係變相成為中國圍堵台灣經濟區域整合的
重要配套措施之一，突顯出台灣要在區域經濟整合的發展困境，
在中國「圍堵與吸納」兩手並用下，福建自貿區無疑是「吸納」
戰略的配套。經過與福州、平潭學者與業者實地訪談，成立福建
自貿區主要是為對接台灣產業，特別是集中在「轉口貿易」與
「跨境電子商務」，最具有發展空間與潛力，其中「轉口貿易」
會因東亞區域經濟整合進一步深化後，台灣遭遇更嚴重邊緣化危
機，可將貨物透過鄰近福建自貿區進行轉口，可利用中國加入
RCEP、或中國與其他國家簽署FTA的優勢，以減少關稅損失。至
於「跨境電子商務」因中國封鎖台灣地區的網域，台灣難以與中
國進行電子商務，但進入自貿區則替許多台灣業者打開「跨境電
子商務」大陸市場的大門。

---

[8] 〈中央臺辦主任張志軍在平潭調研〉，2013年3月23日，國臺辦網站，網
　址http://www.gwytb.gov.cn/wyly/201303/t20130327_4004376.htm

### （四）平潭將成為兩岸互信的制度合作實驗空間

大陸提出海西區無論是作為兩岸經濟「示範區」或「先行區」，或是作為兩岸ECFA的先行先試區，目前都還未具有明顯成效，現階段仍是以硬體建設為主，軟體的細部配套措施都還尚未全部到位。例如以目前平潭台資企業而言，大都可以「苦撐待變」來形容，因細部配套措施尚未到位，市場吸引力仍有限，台資轉移海西區並不明顯，例如，各項對台優惠措施與國民待遇都只是停留在「口惠實不至」的階段。

中國大陸另一項戰略思考，主要是用來測試兩岸互信的程度，因此平潭被中共當局蓄意地保留作為兩岸互信的制度合作實驗空間，例如平潭強調「五個共同」以及許多對台對接措施，需要台灣官方或民間的配合的項目很多，例如「車輛登島」、「實驗區應聘台灣人才」、「兩岸免稅額」都需要台灣配合，以及台灣配合的程度，剛好是檢測台灣政府的政策意圖的好機會，用來測試兩岸政治互信的指標，因此目前海西與平潭政策蓄意地保留許多兩岸合作空間，用來測試台灣政府的信任配合程度，也為兩岸次區域合作保留許多合作的項目與機會。

## 二、「平潭綜合實驗區」對台政策的實踐操作

### （一）現階段對台政策在政治層面的實踐

#### 1.中共國家戰略層次的背書

#### （1）平潭發展在中共區域發展戰略的思考與定位

中國著名經濟學家、發改委宏觀經濟研究院教授、清華大學中國經濟研究中心研究員常修澤與作者座談時，詳細介紹了中國大陸整體區域發展戰略思考架構，以及海西與平潭的基本

定位。[9]

　　首先，就整體區域發展戰略的角度，整個中國大陸960萬平方公里，可用「行政區劃」與「開放規律」兩的系列來劃分。以「行政區劃」而言，可分「東、中、西、東北」等四個大區，並各自擁有一個鮮明的「旗幟」，分別是「率先、開發、崛起、振興」：東部：「率先」發展與創新，共10個省市；西部：西部大「開發」，開發資源與基礎建設等；中部：中部六省「崛起」戰略；東北部：「振興」老東北，東北受計畫經濟影響較深發展效率差。

　　此外，以「開放規律」而言，可劃分的「四種開發區域」。包括：

　　「優化開發」：好上加好、繼續錦上添花的地區，如北京、上海、廣州、深圳等；「重點開發」：次優地區；「限制開發」，有開發潛力但需要加以限制的地區；禁止開發：必須保持淨土的區域，如三江源地帶。

　　常修澤分析，中國大陸的區域重點推進戰略中，主要是由國家發改委扮演領頭的角色，而其他相關部委如國家科技部、國台辦等部門共同參與，最終共同以國務院的名義進行發布。因此，可以得知現行的國務院重點推進戰略中，共可分成以下四大系統（如下表5-2）：

　　第一、「綜合配套改革實驗區」系統：共有十一個，包括海西區「廈門綜合配套改革實驗區」，其重點在於推進「先行先試」的政策與進行體制改革。

　　第二、「地區發展戰略區」系統：主要由發改委地區經濟司所主導，全中國共有二十多個，原為地區發展戰略後由國家發改委將其上升為國家發展戰略，如平潭綜合實驗區等。

---

[9]　請參見附錄二，4月15日清華大學臺灣研究所訪談紀錄。

**表5-2：中國大陸區域發展重點推進戰略四大系統**

| 系統規劃 | 統籌單位 | 實例 |
|---|---|---|
| 「綜合配套改革實驗區」 | 發改委綜合體制改革司 | 上海浦東新區、天津濱海新區、深圳、成都、重慶「城鄉統籌配套改革試驗區」、「武漢城市群經濟區」、「長株潭經濟區」的「環境友好型」、「資源節約型」的綜合配套改革試驗區、山西全省「資源轉型」、浙江義烏「國際商品城」、瀋陽「新型工業化綜合配套改革試驗區」、廈門綜合配套改革試驗區等十一個。 |
| 「地區發展戰略區」 | 發改委地區司 | 平潭綜合實驗區、舟山黃三角、山東半島藍色經濟區、皖將經濟帶、江蘇沿海經濟區等 |
| 發改委相關司局出台的重點區域 | 發改委外資司、環境資源司等 | 「昆山深化兩岸產業合作試驗區」，「綠色發展示範區」等 |
| 國務院相關部委聯合或單獨出台的重點區域系統 | 國台辦、人民銀行、國家科技部、商務部等 | 「溫州金融創新試驗區」、「海峽西岸經濟區」等 |

資料來源：作者自行製表

　　第三、發改委相關司局出台的重點區域系統（顯示背後有推手）：例如外資司出台的「昆山深化兩岸合作產業示範區」，環資司所出台的「綠色發展示範區」，如天津中新生態城。

　　第四、發改委與相關部委出台的重點區域系統：例如人民銀行主導的溫州創新實驗區、與國台辦有關的海峽西岸經濟區皆屬之。

　　常修澤以宏觀角度分析指出，[10]兩岸間的經濟合作亦可分為三個層次：（1）從兩岸整體全局性的區域合作，例如，兩岸「ECFA」、（2）區域與區域之間的產業合作，（3）以及部分城市與特區的對台政策開放優惠。

　　第一個層次最顯著的表現即是「ECFA」，而其中值得注意的是國家主席習近平最近對此有句重要的評論說：「台商要盡快按照內資的標準來享受待遇。」此話似乎表明未來兩岸間經濟合

[10] 請參考附錄二，4月15日清華大學臺灣研究所訪談記錄稿。

作的發展趨勢，以及中共對台經濟未來政策走向的一些端倪。

第二個層次，最顯著的例子是「海峽西岸經濟區」。

第三個層次，則是「海西區」中的「廈門綜合配套改革實驗區」與「平潭綜合實驗區」，被稱為是海西區中的「兩個拳頭」。在廈門方面，因「廈漳泉」地區長年經濟發展與台商經營之下，被稱為「閩三角」的這塊地區已經成為福建省最有活力的地區，廈門綜改區的發展將有可能帶動「閩三角」地區的進一步繁榮，甚至未來可能形成「大廈門」地區的態勢，認為是值得期待的。廈門的島外遠遠大於島內，將來的翔安、集美、同安等區發展起來後，再結合漳州、泉州等附近區域，「大廈門」的未來將值得期待。

而第二、三個層次就是屬於次區域合作的領域，若以「海西區」或「平潭綜合實驗區」而言就是兩岸次區域合作的範疇，常教授分析觀察與本書分析架構接近，常教授的規劃實務經驗證實「海西區」與「平潭島」政策推動的功能定位（如圖5-3）。

而平潭綜合實驗區中，明顯看出北京當局將「社會管理層面的創新」與「經濟管理層面的創新」都寄望於平潭。除了經濟合作以外，「社會文明交流」似乎也將成為兩岸關係中的另一大領域的嘗試。國務院發改委地區發展局相關官員受訪時指出，平潭的規劃是由國務院出台發佈，這個區域的發展是從國家戰略的層次出發，而不是從福建省的地方發展角度。平潭開發建設方面，國務院成立了一個省部級的聯席會議制度，由國家發改委牽頭，加上中央的一些相關部門與地方相關的省市來共同參加。聯席會議的成員基本上都是副部長以上層級，聯席會議底下設的辦公室成員基本上亦是司級以上成員，此外各部門間還會有處級的聯合人員，來共同研究解決在開發建設中會需要協調的問題。

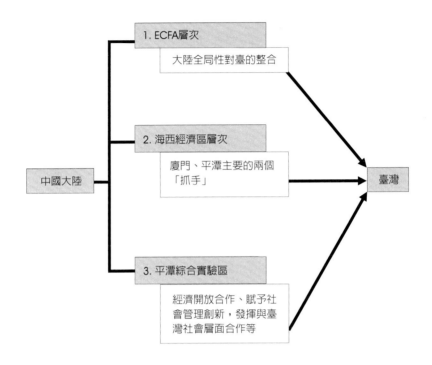

資料來源：作者自行製作

**圖5-3：平潭綜合實驗的次區域合作層次示意圖**

## 2.「平潭綜合實驗區部際聯席會議」機制之建立

　　針對平潭綜合實驗區已上昇為國家戰略層次，為順利準備封島作業，進行海關二線特殊監理，涉及相當複雜的協調，而平潭自身無法協調，必須由國務院發改委牽頭各相關部委、福建省政府進行有效協調，才能實踐有效推動政策，研究團隊這次出訪北京透過國台辦努力爭取，有機會進入國務院發改委與地區經濟司相關官員進行訪談，針對平潭島或其他實驗區，涉及地方與中央如何進行協調溝通，相關決策機制如何建立，得到相關承辦官員

有清楚的說明。

　　北京國務院發改委周毅仁處長表示，這涉及許多各部委與省之間的溝通聯繫，為使工作有效推動，今年特別成立「平潭綜合實驗區部際聯席會議」，由中央相關各部委、各省市之副部際以上官員組成，由國家發改委主任擔任總召集人，副主任擔任召集人，並設立專屬辦公室，由發改委司級單位擔任幕僚人員，處級負責聯絡工作，開會地點視情況而定，目前大部分會議在北京召開。

　　例如產業目錄、優惠目錄的出台，涉及相當多的單位機關，定案後，最後交由海關總署來具體運作，就必須透過一個「省部際聯繫會議制度」來負責所有聯繫溝通協調，做出決定來。

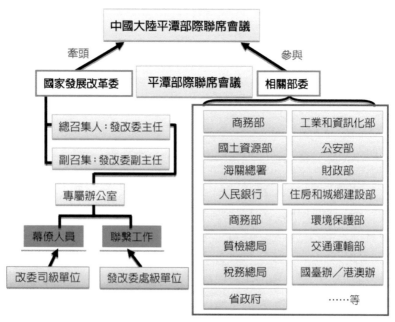

圖5-4：平潭綜合實驗區部際聯席會議機制

### 3. 平潭島模式與香港／前海、澳門／橫琴運作模式類似

　　作者在北京訪問時，雖然大陸官員與學者不斷重申「平潭島」規劃與「一國兩制」無關，對台灣官方將平潭島視為「一國兩制實驗區」感到不解，他們的理由主要以「境內、境外」的概念，強調「一國兩制」只會在港澳台實施，不會在中國大陸境內實施，認為台灣政府方面過度解讀，誤解平潭是「一國兩制實驗區」。

　　但若著眼於實施內容與模式運作觀點，「海西區、平潭島」規劃與中國大陸、廣東省與港澳的運作模式與關係發展，特別是深圳「前海」特區與香港之間、珠海「橫琴」與澳門之間，在維繫與操作「一國兩制」模式具有高度相似性（如下表），而且也被中共部分官員證實。例如像類似平潭海關特殊監理模式，在中國大陸而言有類似的個案嗎？國台辦經濟局副局長彭慶恩也證實表示，現在類似的特區有三個，廣東珠海橫琴（對接澳門）、深圳前海（對接香港）、以及福建平潭（對接台灣）。[11]

　　發改委地區發展局周毅仁處長也指出，**對台灣的交流與合作，實際上是海西規劃中比較吃重的部分，如同在廣東的前海區一樣，是為了發揮廣東與香港之間的合作優勢；同樣地，橫琴與澳門僅一水之隔，即是為了發揮對澳門的合作優勢，海西區亦是旨在在發揮對台合作與交流的優勢**，這也是這塊地區最具優勢的地方，因此，中央會賦予一些特殊的優惠與政策。

---

[11] 請參見附錄二，4月15日國臺辦參訪會議記錄。

表5-3：推動「一國兩制」經濟整合的廣東模式與福建模式對照

|  | 廣東／香港 | 廣東／澳門 | 福建／台灣 |
|---|---|---|---|
| 與中國大陸協議 | 更緊密的經濟夥伴的安排CEPA | 更緊密的經濟夥伴的安排CEPA | 兩岸經濟合作架構協議ECFA |
| 次區域 | 粵港經濟合作框架 | 粵澳經濟合作框架 | 海峽西岸經濟區 |
| 實驗區 | 深州前海區 | 珠海橫琴半島 | 平潭島 |
| 自貿區 | 南沙、前海 | 南沙、橫琴 | 福州、廈門、平潭 |

作者自行製表

　　除了北京官員之外，在訪談中發現，福州省會官員思維有許多模仿廣東發展的經驗，福建省發展研究中心林堅強處長就認為效法廣東模式，廣東能福建也能，政治框架符號是繞不開的，[12]福建省台辦黃陽輝（將調派至平潭任職）強調平潭沒有搞一國兩制，對台灣的反應很驚訝，兩岸關係發展先經後政，福建發展也沒有跳過政，而且是向國際開放，誰有優勢，有吸引力誰就被吸過去，「香港廣東化」、「廣東香港化」，誰影響誰，說不清楚。

## 4. 平潭作為「一國兩制實驗區」？

　　大陸學者以「境內、境外」概念排除平潭是「一國兩制實驗區」呢？那到底平潭模式是在政治上該如何定位呢？

　　清大台研所所長劉震濤指出，對於台灣許多輿論將平潭定位為「一國兩制實驗區」，認為是完全錯誤的想法與誤解。「一國兩制」即是兩套制度，各自管理各自的內部事務，既是各管各的又豈需要「實驗」？認為這種想法是一國兩制實驗區的誤置。平潭較像是對「兩岸人民融合的一種嘗試」，[13]而非是像現在各方人馬各自政治解讀後的扭曲。

---

[12] 請參見附錄一、1月23日福州臺灣研究會會議記錄。
[13] 請參見附錄二，4月15日清華大學臺灣研究所訪談紀錄。

　　劉震濤強調，平潭絕對並非「一國兩制實驗區」，而是重在創造一個台商可以「宜業宜居」、促進「認同」的環境，這樣的認同並不是什麼對中華民族或是國家的認同，而是旨在加強與創造當地台商對於地方生活環境的認同。劉震濤以「昆山深化兩岸產業合作試驗區」為例，說明其重點在「精神家園」的創造，所謂的「共同家園」仍然需要有橋梁的建構。昆山試驗區表現的是一種觀感與精神的寄託，這種共同的感覺才會是所謂「共同家園」的前置。先有「精神家園」，而後才能建立「共同家園」。

　　劉震濤以「精神家園」詮釋作為平潭「共同家園」基礎，而「精神家園」可歸納為四大要點，包括「宜業、宜居、包容、認同」，其概念為：

（1）**宜業**：投資環境仍是台商進駐的前提。

（2）**宜居**：要讓居住環境和在台灣時一樣方面。

（3）**包容**：地方政府對台商的包容、以及與當地居民相互之間的包容。

（4）**認同**：所謂的「認同」不是政治概念，而是對生活環境與居住條件。

　　中國社科院台灣研究所研究員王建民認為，「平潭不是一國兩制實驗區，最好的概念叫「一區共治」，[14]大家共同參與治理管理，共同管理的程度如何，就必須靠慢慢摸索出來的，能達到什麼程度，那還要兩方共同互動效果才能看的出來。

　　因此，相對中國大陸各地的經濟特區，與區域或次區域經濟合作區，平潭綜合實驗區多了一項被中共刻意的政治定位，綜合

---

[14] 請參見附錄二，4月15日中國社科院臺灣研究所訪談紀錄。

大陸學者的題法，亦即成為作為兩岸「融合共治」示範區，是對「一國兩制」模式進一步的超越。

## 5. 中國大陸福建省為何非得大打「台灣牌」不可？

作者曾特別請教大陸有關學者與官員，在全球化經濟一體化背景下，經濟的開放開發理應全面對外開放開發，然而福建發展「海西區」或「平潭島」，為何宣傳目標只針對台灣，只強調與台灣經濟對接，如此宣傳消費台灣的目的何在？

清華大學台灣研究所教授鄭振清表示，長期以來中國大陸區域經濟發展存在「本地區的區域發展」的觀念，總是以我為主的一貫考量，欠缺整體與宏觀格局的規劃與思考，在這種情況下台灣都只是個被利用的對象。中國大陸的許多省分均是如此，在海西規劃中福建省的表現亦是如此。而這樣的思維視角不僅欠缺實際上經濟規律的考量，而使得在「與台對接」的同時，事實上也有許多想發展與吸引的產業是閩南地區原本就有的，因而發生重複與衝突；而這種以我為主，似乎打出對台牌只是為了利用台灣的想法，其實也不利於兩岸的認同與合作。[15]

香港理工大學教授朱文暉更進步指出，大陸內地省市在「一省一政策」下，經常是「掛羊頭賣狗肉」，平潭高掛對台經濟對接的旗子、前海則是打著香港的招牌，他們主要目的都是在發展自己，若沒有打著對台灣、對香港的旗號，中央的政策是下不來的。[16]

社科院台灣研究所王建民也認為，不管是澳門橫琴或是香港前海也好，類似這樣的開發區本質上是大陸地方經濟發展上自

---

[15] 請參見附錄二，4月15日清華大學臺灣研究所訪談紀錄。

[16] 請參見附錄二，4月18日香港理工大學教授朱文暉訪談記錄。

我發展需要，並不是大陸中央從上到下的規劃，而是從下而上的規劃，模式運作上是地方政府為了發展自身經濟，找準一個目標寫報告寫機遇然後送中央批准，所有的開發規劃基本上都是這樣來的。福建離台灣很近，福建規劃海西區與平潭島就是很好的例子，由地方政府提出申請，中央再予批覆核准，都是由下而上的模式，所以外界不瞭解以為都是中央規劃從上到下，非也！[17]

　　**官員部分說法如下：**國台辦研究局副局長張黎宏表示，在中央全國整體經濟區發展規劃中，特別畫出一塊成立福建省為主體的海峽西岸經濟區，核心目標是發展地方經濟並且利用區域優勢取得對台交流先行先試的地位。**而不論海西或平潭均是以促進當地的經濟社會發展為第一位目標**，加上它有先天對台的優勢，所以福建這些年在招商引資、劃保稅區、吸引人才……還是能略見成效。[18]

　　發改委周毅仁處長指出平潭與前海相同之處，**都是地區需求開始，由地方報計畫上來，中央同意後加以執行**，[19]相對於兩岸間有政治問題，明顯地香港／前海與澳門／橫琴更容易推動。因此在多方考量並根據福建省的意見之下，決定先在福建省內尋找一小塊合適的地方，進行一些嘗試。在此情況之下並結合了平潭島所具有的一些獨特優勢，使我們後來制定了平潭總體的發展規劃。平潭即作為一個較小的區域，來試驗一些更超前、放在更大範圍裡不依定能夠實施的優惠政策，來促進內地與台灣間的經濟交流。因此平潭可以說從最初的制定到後來的研究實施，均離不開台灣的支持。

---

17　請參見附錄二，4月15日中國社科院臺灣研究所訪談記錄。
18　請參見附錄二，請參見4月15日國臺辦訪談記錄。
19　請參見附錄二，4月16日國務院發改委訪談記錄。

因此，大陸福建發展「海西區」、「平潭島」為何只消費台灣，針對台灣來訴求？大陸學者與北京官員的說法頗為一致，可歸納為三點：

（1）**主要目的在於促進福建本身的經濟發展。**

（2）**是一種由下而上的政策發動程序：**福建地方提需求，中央背書給優惠政策，相關進度掌握與各部門協調事宜已由中央統籌。

（3）**打著「台灣」旗號，「海西」「平潭」成為兩岸交流合作的先行先試區，所提計畫較容易獲中央重視，**有利於爭取更多優惠政策並加速審批作業，因此若沒有扛著「台灣」招牌，可能就沒有「海西」與「平潭」。

### 6. 過度政治宣傳引發爭議

平潭島的發展至今仍停留在「口惠而不至」階段，過度不實宣傳，部分受到宣傳影響而至平潭投資的台商先行者，目的皆在「先行卡位」，但其代價莫不感到撐得很辛苦。而平潭綜合實驗區因有中央強力背書，地方福建敲鑼打鼓，喊出「兩岸共同家園」口號，以及高薪招募台灣一千位人才進駐實驗區，引發台灣政府重視，進而出面澄清反駁。[20]

平潭開發大陸各政府到底投資多少？赴平潭參訪，平潭實驗區官員對於投資平潭的資金，常以「平均一天投入一個億（人民幣）」，來形容平潭建設投資巨大與宏偉，最近甚至改稱「一天燒兩個億」，是根據福建省長蘇樹林指出「十二五」期間將投入

[20] 甘芝萁，2012，〈平潭招商爭議案，澄清共同說 陸委會：政府並未背書〉，《聯合晚報》，3月28日，第A9版。

人民幣2500億元（新台幣1兆1740億元）[21]進行推估宣傳的，但中央與地方到底投入多少金額？熟悉內情的學者官員指出平潭操作模式如下：

**根據清大台研所所長劉震濤指出，具體金額中央政府每年出資八億，福建省每年六億，目前主要基礎設施是靠國有企業的資金投入，並向銀行融資貸款，亦即依賴國有企業的圈地與賣地，來交換資金投入。**社科院台研院張冠華也指出，實際資金投入很難估算，基本上是國企融資貸款先投入資金，依託於國企後，再利用開發土地賣出轉化資金方式。[22]

劉震濤詳細說明，「平潭的基礎建設對外宣傳中往往強調一天燒一個億，甚至是最近傳出的一天燒兩個億。這方面的宣傳是否恰當仍有討論空間，因為據我所知，平潭的實際資金投入是國家每年撥下去的共計14億，其他的款項恐怕仍未到位，而是由國有企業、地方政府先進行基礎建設，房地產與土地先予出售，很多的款項中央採取「後補」的方式，以後再給予補上，**事實上，是沒有地方政府宣稱的那麼多財源的。**」

國台辦經濟局副局長彭慶恩也表示，地方政府有發展的衝動，不能替地方政府說明到底投入多少，但平潭規劃宏大，包括環島公路、大橋興建、機場高鐵、飲水系統等基礎設施，在管委會操作下投入應不少。但你們應該發現到這是福建在講，北京沒講。[23]

---

[21]　蘇珮儀，2012，〈蘇樹林掛保證平潭發展　台灣利益優先〉，《經濟日報》，3月27日，第A10版。
[22]　請參見附錄二，4月15日北京清華大學臺灣研究所訪談記錄。
[23]　請參見附錄二，4月15日國臺辦訪談記錄。

發改委地區經濟局周毅仁指出，福建取得海西規劃項目，在區域合作整體規劃是「因地制宜，發揮優勢，以縮小發展差距」。海西規劃的綱領指導意見就是要發揮對台的地緣關係與歷史淵源，而平潭發展總體規劃離不開台灣的支持，特別是平潭規劃的藍本，就是台灣公司（中興顧問公司）提供的藍本，[24]例如進行海關特殊監管區，如何在400平方公里的島嶼、40萬人居民，實施封關監管對平潭影響很大，自然會以台灣作為訴求。

由於平潭特重「宣傳」，特別是消費「台灣」，對部分不當的宣傳，大陸內部已出現檢討聲浪。訪談過程，也可感受到中央各單位無論是國台辦、發改委相關官員或相關研究智庫學者大都對福建省對台高調宣傳，均感到有調整修正的必要，尤其是對台灣人才聘用或法令措施配套，應透過管道與台灣聯繫協調後，再政策公佈較為妥適。

## （二）現階段對台政策在社會層面的實踐

### 1.「共同家園」定位與爭議

#### （1）「共同家園」內涵有待探索

與其他中國大陸區域經濟合作、各類型特區的開發最大不同，就是平潭綜合實驗區特別強調要成立兩岸共同家園的說法，「努力把平潭建設成為兩岸同胞合作建設、先行先試、科學發展的共同家園」作為指導思想。[25]並預計目標「到2020年，基本形成以高新技術產業和現代服務業為主導、具有較強競爭力的特色產業體系；基本公共服務和城市化水準顯著提高，生態文明建設

[24] 請參見附錄二，4月16日發改委訪談記錄。
[25] 「平潭綜合實驗區總體發展規劃」，2011，11月18日國務院批復，12月11日國家發展和改革委員會印發，福建省平潭綜合實驗區印製，頁4。

走在福建前列；基本實現與台灣地區經濟全面對接、文化深度交流、社會融合發展，兩岸同胞合作建設、先行先試、科學發展的共同家園。」[26]

　　顯示平潭作為兩岸「共同家園」的定位除了經濟層面外，還有包括兩岸社會制度創新建設，應是平潭特區的主要特色之一。但如何建構兩岸「共同家園」，有無一套發展路徑與模式，「平潭綜合實驗區總體發展規劃」中僅表示「通過平潭綜合實驗區的開發建設，在兩岸經濟合作、文化交流、社會管理方面先行先試，有利於探索兩岸同胞建設共同家園的新模式……」[27]，顯示兩岸「共同家園」的尚在「探索」的階段。

（2）「共同家園」非國家認同，是社會文化認同

　　中國大陸目前專門研究「共同家園」課題的清大台研所，所長劉震濤指出，對於台灣許多輿論將平潭定位為「一個兩制實驗區」，認為是完全錯誤的想法與誤解。「一國兩制」即是兩套制度，各自管理各自的內部事務，既是各管各的又豈需要「實驗」？認為這種想法是一國兩制實驗區的誤置。**平潭較像是「兩岸人民融合的一種嘗試」（共同家園）**，而非現在各方人馬各自政治解讀後的扭曲。[28]

　　劉震濤認為「共同家園」是重在創造一個台商可以「宜業宜居」、促進「認同」的環境，**這樣的認同並不是什麼對中華民族或是國家認同，而是旨在加強與創造當地台商對於地方生活環境的認同**。以「昆山深化兩岸產業合作試驗區」為例，其重點在

---

[26]　同註17，頁6-7。
[27]　同註17，頁2。
[28]　參見附錄二，4月15日清大臺研所會議紀錄。

「精神家園」的創造，所謂的「共同家園」仍然需要有橋樑的建構。昆山試驗區表現的是一種觀感與精神的寄託，**這種共同的感覺才會是所謂「共同家園」的前置。先有「精神家園」，而後才能建立「共同家園」。**[29]

劉震濤指出，昆山試驗區亦曾經特定從台灣請來媽祖，以提供台商們精神上的慰藉與寄託，這點也是很高明的。從這樣的事例來看，努力打造「精神家園」是作為未來發展成「共同家園」的前提準備。此外，「共同家園」的討論中，劉震濤認為，應該充分吸取與採納台商的意見。平潭或許將為此而開始全面性的改革與創新。

（3）平潭「共同家園」至少仍須十年才看得到成果

清大台研所鄭振清教授認為，「共同家園」從共同管理的社區自治模式做起，**應該是著重在一種心靈上的概念，而非法律上的意涵。**昆山試驗區是建立在原先就有良好居住環境、完善的基礎設施、良好的經濟發展與投資環境的條件下，進而進一步形成了關於「文化」的認同與融合，才讓「兩岸共同家園」的構想成為可能。而平潭至少仍需四到五年的時間進行基礎建設，再加上其後的文化交流與認同、共同管理的摸索與實踐，至少仍需十年的時間，才能看到平潭的成果。[30]劉震濤也認為，目前仍處於基礎建設階段的平潭，建議其對外姿態應該放低一些，避免引起過多的政治解讀與想像。[31]

---

[29] 參見附錄二，4月15日清大臺研所會議紀錄。
[30] 參見附錄二，4月15日清大臺研所會議紀錄。
[31] 參見4月15日清大臺研所會議紀錄。

## 2. 所謂「五個共同」社會創新體制尚待摸索

　　眾所矚目的平潭綜合實驗區的對台對接工程，出現的所謂「五個共同」兩岸合作試點以及「探索建立兩岸交流合作新機制」，透過大力宣傳吹捧，引發台灣社會關注，在平潭綜合實驗區規劃的「共同規劃、共同開發、共同經營、共同管理、共同受益」的「五個共同」社會創新體制內涵到底為何？其規劃目的為何？引發爭議後，中國大陸當初負責政策規劃者又有何反應呢？

　　依照「平潭綜合實驗區總體發展規劃」原文出處：「在框架協議下，積極推進兩岸貿易投資便利化、人員往來便捷化、貨物往來暢通化等方面的先行先試。按照先易後難、循序漸進的要求，選擇具備條件的部分區域、部分領域，開展兩岸共同規劃、共同開發、共同經營、共同管理、共同受益的合作試點，積極探索建立擴大兩岸交流合作新的體制機制。」

　　然而根據福建社會科學院、中國社會科學院工業經濟研究所的聯合課題「平潭綜合實驗區開放開發研究」總報告中，對「五個共同」的設立目的，有清楚描述：對通過台潭綜合實驗區「共同規劃、共同開發、共同經營、共同管理、共同受益」實驗（簡稱為平潭模式），有利吸引台灣地區各階層人士到平潭來投資興業，探索兩岸同胞共同管理地區經濟社會事務模式。以「平潭模式」可以改變台灣同胞由被動認識大陸轉為主動參與大陸經濟建設和公共事務管理，有利於消除長期以來形成的歷史偏見和心理障礙，增加台灣民眾對中國和平統一的信心」。[32]

---

[32] 黃速建、李鴻階，2011，《平潭綜合實驗區開放開發研究》，北京，經濟管理出版社，頁2。

（1）「五個共同」沒有成熟理論，要靠實踐來共同探討

　　福州學者社科院現代台灣研究所所長單玉麗認為，這部分是平潭最難也是最有創新的部分，她認為「共同管理」是一種多樣化形式，例如福建有組團考察台灣的社區管理制度、夜市小吃街管理方式等等，這些台灣社會管理要素與模式都可以融入在台潭。副所長郭健清認為共同管理可以包括社區管理、免稅區、投資區等等的共同管理。[33]

　　甚至平潭綜合實驗區國台辦駐平潭代表馬勇志則認為，五個共同現在沒有很一套的標準，五個管理細則都需要時間，也特別需要台灣方面的建議和見解。此外，它至少不能違背大陸的法令，甚至若與大陸法律發生衝突，也不排除雙方探討出都能接受的方案，未來可能出現很多情況，現在真的很難說，但這方面總的出發點就是給這邊的台灣人創造更好的生活。[34]

　　馬勇志直言「五個共同」並沒有成熟理論，要靠實踐來共同探討，也曾將「五個共同」請國務院發改委清楚定義一下，國家發改委也寫不出來，因此五個共同要靠實踐來加以探索。其中最受兩岸矚目的「共同管理」，實驗區管委會辦公室主任謝秀桐表示，初步將引進台灣社區管理經驗，未來邀集我漁會、農會參展時，將交由台灣農會、漁會自行管理，未來實驗區也將積極針對兩岸區際法律衝突進行探討。[35]

---

[33] 參見附錄一，1月23日福建省社科院訪談記錄。
[34] 參見附錄一，1月24日平潭綜合實驗區管委會訪談記錄。
[35] 參見附錄一，1月24日平潭綜合實驗區管委會訪談記錄。

（2）平潭「五個共同」由來

清華大學台灣研究所所長劉震濤教授，曾任職國台辦經濟局局長與國務院發改委，曾負責對台經濟規劃設計，2009年國務院邀集11個部委開會討論海西區平潭綜合實驗區規劃設計，清大台研所是唯一被邀請的學術單位（第12個單位），所謂「五個共同」是他們最早提出來的構想，但劉震濤認為，目前這種構想已被妖魔化的。

劉震濤指出，當初是提「四個共同」，包括共同規劃、共同開發、共同經營、共同管理，並沒有共同受益，因為「共同受益」是上述「四個共同」的必然邏輯。而所謂「四個共同」，是基於當年在1993年規劃「成都溫江開發區」時，為解決公共設施跨界治理，期待透過建立「對話、回應」機制，進行共同社會管理，屬於社會管理的創新改革，而應用在平潭的理念，主要目的在於讓台商參與對當地事務管理，進而有利於台商投資。

劉震濤表示，前平潭綜合實驗區管委會主任龔清概（現已調任國台辦副主任）自己也困惑，曾親自來清大請教「五個共同」真正意涵為何？其也告訴了龔清概，上述的「共同受益」，其實是當年鄭立中在清大的研究報告中「加」上去後，才形成今天平潭的「五個共同」。但現在的的發展趨勢來看，卻是「對台」的，卻「無台參與」的情況。沒有台灣的參與，這些東西都是無稽之談。[36]

在訪談中，劉震濤也分享整個共同管理理念的起源，劉震濤回憶當年1993年成都的溫江開發區，該區的規劃原是由台灣經

---

[36] 請參見4月15日北京清華大學臺灣研究所訪談記錄。

濟部的退休人員所起草。當初劉震濤向成都的書記談建議：可以把一些基礎設施的工程，以合同的方式，交給別的人或台灣人去做，如電線、自來水、污水管理等等都可以，這些都不牽扯到敏感的問題，而外包的那些人又肯定能做的比較好。這是共同管理中產生的第一個源頭。

第二個共同管理的源頭是去昆山做的考察，昆山的基本模式是採取「對話」的方式。當地的台商對於地方建設有意見時可以提出，地方政府便會考慮其可行性與是否採納？比如台商們希望在某個地區修一條路，讓他們的生活與工作更方便，他們便和地方政府提起，地方政府評估後覺得可行就採納了。這樣的一種藉由對話的互動，就是這種「共同管理」的原型。

劉震濤說明「共同管理」的原始理念。他認為概念核心是加強台商對當地事務的參與、有利於密切台商與政府間的關係、有利於台商改善他們的投資環境。因為有了溫江與昆山的兩個背景，所以後來他在寫廈門綜改區方案的時候，就加上了「共同管理」，在社會管理中加入了台商、台胞的社會管理。比如能否在一個小區中選舉自己的管委會主任，或聘請台灣人擔任理事來協助解決有關的糾紛。劉震濤感慨，這是當初提「共同管理」的背景，但是後來卻被某些人演變成了個政治議題，甚至變成了「一國兩制實驗區」，對這點無法理解。[37]

中國社科會台灣研究所副所長張冠華對「五個共同」說法，與劉震濤十分貼近類似，張冠華認為，提出五個共同，兩岸怎麼共同管理創新的模式現在都沒定論，都在摸索中。不過有一點我個人看法是很篤定，就是這不像台灣有些人說這是一國兩制實驗

---

[37] 上述「五個共同」源頭概念與背景分析，請參見附錄二，4月15日北京清華大學臺灣研究所訪談記錄。

區，說這話的本身就不理解一國兩制的涵義，一國兩制是指大陸和台灣兩個統一後各自實行不同制度，但平潭是大陸自己的地區，搞什麼一國兩制？即使用極端的例子，你把平潭劃給台灣，在平潭搞資本主義，那跟兩岸之間也沒什麼示範性，還是一個內地畫經濟區塊，所以這是一個誤會！

張冠華也認為，「有人建議在平潭推動民主示範區或是搞什麼政治實驗，[38]這也不可能啦！即使有人提出來，但以大陸現行法律根本做不到，畢竟你還是要適用大陸的法律法規，所以說這些都誇大了，它核心還是一個經濟的平台與社會創新體制。」[39]

（3）「共同管理」現階段僅著眼於「社區管理」與「溝通管道」

參與平潭「共同家園」課題的清大台研所鄭振清教授歸納，目前「共同管理」涉及三個重點：第一、社區自治，可以參照基層管理，例如居委會、街道委員會等基層社會自治，第二、透過合同聘任台灣菁英參與管委會工作，以便有效為台商解決問題，第三、是營造共同家園的精神文化，目前實驗區條件不成熟。鄭振清表示，「五個共同」應要考慮是否與台灣現行體制法規存在衝突的問題，尤其對人才聘任爭議，建議不要管委會直接來聘任，以「平潭開發公司」名義較為妥適。[40]

張冠華也指出，平潭要發揮先行先試的作用，要體現出和其他開發區不同，增加台灣企業的員工參與自主管理的權力和空間，至於共同管理更多的是指社區管理，比如說台灣的居民多

---

[38] 指財團法人愛與和平基金會董事長鄧文聰建議，在平潭籌設具有中華民族特色的「一國兩治」民主實驗區的提議。

[39] 請參見附錄二，4月15日中國社科院臺灣研究所訪談記錄。

[40] 請參見附錄二，4月15日北京清華大學臺灣研究所訪談記錄。

了，業者多了，形成了一個社區，怎樣能自我照顧，像是你現在的企業在參與開發區的管理方面，有些什麼建議能給其他開發區發揮更大的啟發和作用，但是管理部分目前仍在摸索的往前走[41]。

負責政策規劃的平潭綜合實驗區整體規劃的發改委周毅仁強調，「五個共同」實際上是平潭獨有的一個模式，橫琴與前海對於港澳地區事實上沒有這樣的一個「共同規劃」的過程，也沒有「共同管理」的安排，這些可以說是針對於平潭、台灣而因地制宜的。這樣的安排是為了讓台灣能更多的參與進來，橫琴與前海的情況不同，例如澳門能透過部級會議直接參與橫琴的規劃與發展當中，但台灣方面卻不行，因此也只能透過這樣的安排來瞭解你們的需求跟想法，能有溝通的管道，如果合作是只對其中一方有利的話，便無法進行下去了。[42]但平潭的問題在於與台灣之間的溝通管道不像對港澳的順暢，在這方面大陸的管道是很敞開的，今後平潭的發展需要做哪些調整、哪些欠缺，還能進行一些討論與調整。

### 3. 人才吸納忽略對台灣法規應有認識，目前謀求補救

福建曾高調公開對台灣招募一千位人才，經過媒體大肆對台宣傳，並在網路上公開徵才項目，引發台灣社會關注，尤其無視台灣「兩岸人民關係條例」中對赴大陸擔任政府機關限制，衝撞現行台灣制度，引發爭議。

有關台灣人才來平潭擔任實驗區職務問題，國台辦派駐平潭實驗區的主任助理馬勇志表示，大陸目前的立場是：「尊重台

---

[41] 請參見附錄二，4月15日中國社科院臺灣研究所訪談記錄。

[42] 請參見附錄二，4月16日國家發改委訪談記錄。

灣法令，不去挑戰」，並強調目前實驗區副主任與台灣5位幹部都不是大陸公務員，沒有醫保、社保與退休金，是聘請專才，參照台灣薪資水準，目的是為台商服務。聘任程式是採公開應聘方式，包括筆試、面試程式後，錄取第一名。實驗區內部出現不同酬現象，台幹年薪50到60萬元，但大陸幹部只有10萬元，顯示他們不同於大陸公務員體系。[43]

關於招聘台灣專才的部分，台籍管委會副主任已2012年已上班，剩下還有5個職務（高階幹部）已正式簽約，對外公開招募。實驗區官員特別強調，關於引進台灣專才的觀念是因平潭定位為兩岸共同家園，未來可能有更多台胞台商來這裡生活、經商、創業，所以希望能引進台灣的專才，因為他們可能比我們更瞭解台灣民眾的想法與需求，從管理上來說她們不屬於公營事業，屬於聘用專才引進來，這些職位沒有「記錄編組」以及「人事工資紀錄」，不能算是大陸公務員。

馬勇志認為，對平潭綜合實驗區招聘台灣人才是平潭的特點，但一開始確實沒有注意到台灣法規的限制，台灣方面若早提到，就不會單方面行事，這更加凸顯兩岸溝通的重要性。[44]

清華大學鄭振清教授認為，平潭的「共同管理」概念事實上挑戰了台灣當局現行的兩岸人民關係條例與相關法規，這點是當初福建省政府與研究部門在規劃時欠缺的考量，也顯示出兩岸間某種程度上的交流與互信不足，同時再次凸顯這種「地方主義」掛帥下形成的問題。

鄭振清教授建議，可以設立類似「平潭開發公司」之類的單位，再來聘請台灣人擔任公司重要職位或是顧問，薪資與優惠政

---

[43] 請參見附錄一，1月24日平潭綜合實驗區管理委員會訪談記錄。
[44] 請參見附錄一，1月24日平潭綜合實驗區管理委員會訪談記錄。

策仍由政府部門支出，以此可解決台幹們未來的尷尬處境。[45]需要再次強調的是平潭「共同管理」事實上仍是種草根式自主治理，性質應會類似於業主委員會這種的組織，是最基層的自治組織。

　　國台辦經濟局彭慶恩副局長表示，就平潭用人問題，大陸希望可以納入ECFA協商，甚至服務貿易協商也可以，平潭努力提的先行先試招募台灣人才方案應該可以突破，大陸企業願意聘用台灣人才，台灣應該放寬限制的，而且平潭要的人才不僅有台灣，也要海外的，這都需要兩岸進一步研究解決。平潭綜合實驗區部分業務也有公司化的傾向，像聘任副主任讓台灣的人參與管理，是聘用，不是公務員。

### 4.「平潭綜合實驗區」對台優惠與國民待遇措施仍不明朗

　　福建平潭過去誇大宣傳，許多特殊優惠措施與國民待遇，經過研究團隊於走訪當地台商與平潭官員，[46]目前大部分對台優惠措施各項進度仍處於不明朗狀態，對當地台商仍是「口惠而實不至」的階段，主要項目有：

（1）台灣車（輛）牌直接登島：

　　實驗區官員認為台灣交通部提出入出境車檢困難，以及車輛保險爭議等問題，這些問題需要兩岸雙方坐下來好好協商，大陸目前採「先易後難、先貨後客、先單向後雙向」政策，亦即不會提出雙向行駛，目前不會有閩車入台，也希望從貨車開始，目前平潭台商業者提議最多就是貨車登島，例如台灣水果、水產批發市場貨車直達不必搬運，對保鮮很具實惠。

---

[45] 請參見附錄二，4月15日北京清華大學臺灣研究所訪談記錄。

[46] 部分內容請參見附錄一，1月24日平潭臺商協會籌備處訪談記錄。

行駛平潭與台中港的海峽號也因台灣車輛無法登島，以致於只有客運沒有貨運，行駛一年來已達10萬人次，但依舊賠錢，一年來虧損三、四千萬萬人民幣。

（2）職業證照建築師與醫師優先：

實驗區官員表示，有關專業人員平潭執業問題，國務院發展規劃明確點出要是建築和醫藥方面憑台灣有效證照就可以了，目前福建省建設交通廳的政策公布實施了，第一家就是中興工程已經備案，目前也與台灣建築師職業公會對接，還有台灣醫師執業這部分也沒有問題，但律師、會計師還沒有，目前是建築和醫療優先。

（3）往來便利化證件

過去宣傳台灣民眾持身分證就可以往來平潭，目前已改稱將辦卡（出入境卡）與憑證（為常住者辦暫住證）雙管齊下，憑台灣身分證進入平潭，大陸內部尚有不同意見，尚未有結果。而往來平潭的便利化措施，也因尚未全島封關進行特殊監理，尚無任何證件便捷化之通關便利可言。

（4）提供台商現價房或創業基金：

宣傳要以成本價提供台商住房或租金補貼與創業基金，實施細則未定。目前仍是「口惠實不至」的階段，致使部分平潭台商抱怨不已。

（三）現階段對台政策在經濟層面的實踐

依據「平潭總體規劃」，平潭綜合實驗區的經濟方面的實

踐，只要是在「統籌規劃、分步推進、重點突破」的前提下，加快開發建設步伐，力爭經過5-10年的努力，使平潭綜合實驗區建設取得明顯成效。換言之，平潭在短期內，其實是以自身經濟建設作為核心推動目標，並輔以對台經濟政策的實踐連結，而其階段性的預期發展，則分別為：[47]

短期：到2015年，以平潭為節點的兩岸往來快速便捷綜合交通體系基本建成，對台經濟、文化、社會各領域的交流合作更加緊密，兩岸交流合作前沿平台功能更加凸顯。

中長期：到2020年，基本實現與台灣地區經濟全面對接、文化深度交流、社會融合發展，兩岸同胞合作建設、先行先試、科學發展的共同家園基本建成。

以下，即依據「平潭綜合實驗區總體規劃」，就涉台經濟政策的實踐，從不同面向分別說明之。

### 1. 產業政策：僅有小額貿易進展順利，整體產業發展前景尚不明確

「平潭綜合實驗區總體規劃」相當強調開展兩岸產業合作，引導台灣高新技術產業、現代服務業等高端產業向平潭延伸拓展，加強兩岸在關鍵產業領域和核心技術方面的聯合研發。其中也分別包括了：[48]

（1）**高新技術產業**：電子資訊產業、新材料產業、新能源產業。

（2）**服務業**：現代物流業、商貿流通業、金融業、文化創意產業、會展業。

---

[47] 參見：「平潭綜合實驗區總體發展規劃」，「中國經濟網」，網址：http://district.ce.cn/newarea/roll/201205/30/t20120530_23366931.shtml。
[48] 同上註。

（3）**海洋產業**：精緻農業、海產品加工、海洋生物。

（4）**旅遊業**：濱海度假、文化旅遊、休閒養生。

目前平潭經營台灣商品免稅商品的小貿商城已經開幕，根據作者2015年2月實際調研走訪平潭，但目前參與小貿商城店家僅170家，其中僅50家為台灣人所成立，其餘120家為大陸人所開設，去年2014年約半年的營業額為6163萬人民幣，接待遊客16萬人次，其中含大陸店家透過「螞蟻搬家」，自小貿商城批發貨至平潭外面市場或至外省市販買。而小額貿易商城共興建38棟，其中僅一棟的一半樓層出租使用，小額貿易商品市場成效仍待努力開拓。

圖5-5：2014年平潭綜合實驗區兩岸小額貿易商城，共有38棟閩南建築規模龐大，已正式啓用中，成為平潭對台經濟對接新模式。

圖5-6：2014年平潭台灣商品免稅市場的開幕，對台灣中小企業頗具吸引力，但遊客人流有限，38棟商城僅一棟開放啓用。

## 2. 雖已有《平潭綜合實驗區產業發展指導目錄》出台，但整體產業及招商進程仍待努力

　　繼2011年11月國務院批復《平潭綜合實驗區總體發展規劃》之後，國家發改委於今（2013）年2月正式印發了《平潭綜合實驗區產業發展指導目錄》（以下簡稱《目錄》）。這是由國家發改委牽頭研究制定並出台的有關「平潭綜合實驗區」又一重要政策性文件，對於實驗區構建「低碳、智慧、生態、高附加值的高端產業體系」，將具有重要指導作用。該目錄共分七個部分350條。這七大產業類別分別是：高新技術產業、服務業、農業及海洋產業、旅遊業、社會事業、生態環保業、公共設施管理業。其中，高新技術產業主要涵蓋電子資訊產業、裝備製造業、新材料

產業、新能源產業，服務業主要涵蓋現代物流業、商貿服務業、金融業、創意產業、會展業、技術及商務服務業等。《目錄》所列條目參照國家《產業結構調整指導目錄》鼓勵類相關優惠政策執行，原則適用于指導平潭綜合實驗區內的各類企業。同時，國家發改委今後將會同有關部門，結合平潭綜合實驗區產業發展實際及國家《產業結構調整指導目錄》、《外商投資產業指導目錄》修訂情況，適時對《目錄》做相應調整。[49]

　　在實際落實上，平潭在對台產業政策的推動與吸引上，截至目前為止的成效其實相當有限，除了早已在大陸福建落地生根的台灣宸鴻科技集團，[50]於2013年4月19日與平潭管委會正式簽約，將通過旗下子公司TPK Universal Solutions Limited（簡稱TPKHK）在平潭新設子公司－宸鴻科技（平潭）有限公司，總投資約30億元人民幣外，[51]平潭綜合實驗區成立迄今的大型投資實在乏善可陳。

### 3. 2014年底台資企業平潭註冊已達270家，但多以小型商家為主

　　由昔日偏僻孤島變身為對台特區的平潭綜合實驗區，已然成為台商投資福建的熱門話題。截至目前根據官方數字統計，4年多以來共有270家台商到平潭註冊，註冊金額30億人民幣（尚未到位），目前在平潭的台商主要以中小企業為主。

　　但長期參與海西區及平潭經濟規劃的福建省社科院經濟研究所所長伍長南就指出，「平潭台資企業大多數是商貿、服務業為

---

49　「《平潭綜合實驗區產業發展指導目錄》獲批」，中國平潭網，網址：http://www.pingtan.gov.cn/xxgk/show.aspx?ctlgid=231814&id=8422。

50　臺灣宸鴻集團（TPK）是全球最大的觸控式螢幕製造商，全球知名品牌包括蘋果公司的iPhone和iPad均選用其產品。

51　「平潭與臺灣宸鴻科技集團正式簽約」，中國平潭網，網址：http://www.pingtan.gov.cn/xxgk/show.aspx?ctlgid=231814&Id=8806。

主，如小餐飲一條街就有幾十家」。[52]而受首波「平潭熱」吸引而前往投資的平潭台商協會副會者薛清德坦言：「這兩年真的沒有台灣企業來落地，因為同時間平潭都在做基礎建設，所以我們算是真的來早了！」[53]

### 4. 對台小額商品交易市場已漸成形，為平潭現階段產業發展主力

中共國務院財政部於2013年3月下旬，正式批復「平潭對台小額商品交易市場」的稅收政策，使平潭正式成為繼廈門大嶝島後國家批准建設的大陸第二個對台小額商品免稅交易市場。

平潭對台小額商品交易市場的政策落地，是自《平潭綜合實驗區總體發展規劃》獲批以來，得以真正透過國務院相關部委（財政部）率先落實的第一批政策之一。至於平潭對台小額商品交易市場免稅商品範圍，包括糧油食品、土產畜產、紡織服裝、工藝品、輕工業品、醫藥品等六大類，具體內容為：[54]

（1）糧油食品類，包括糧油製品、食用動物及其產品、食用植物及其產品、水產品、食品製成品。

（2）土產畜產類，包括茶葉、咖啡、可哥、香調料及香料油、山貨、畜產品、煙類。

（3）紡織服裝類，包括紡織品、絲織品、服裝。

（4）工藝品類，包括陶瓷、地毯及裝飾掛毯、工藝品。

（5）輕工業品類，包括家用電器、箱包及鞋帽、文體用品、日用五金器皿、鐘錶、家具、日用雜品、紙品。

---

[52] 請參見附錄一，1月23日福建省社會科學院訪談記錄。
[53] 請參見附錄一，1月24日平潭台商協會籌備處訪談記錄。
[54] 「平潭將成大陸第二個對台小商品免稅交易市場」，中國平潭網，網址：http://www.pingtan.gov.cn/xxgk/show.aspx?ctlgid=231814&id=8595。

（6）醫藥品類，包括中成藥、藥酒。

此外，由38幢建築組成、面積達16.4萬平方米的平潭對台小額商品交易市場、水果批發交易中心已正式營運。

平潭綜合實驗區區經濟發展局副局長馬冬根介紹說，上述小額商品交易市場免稅商品範圍基本涵蓋了產自台灣的日常消費品和土特產，大陸居民不用到台灣即可購買到產自台灣的精美工藝品、食品、日常消費品、服裝、中成藥等。而且因為進出市場的旅客每人每日有6000元人民幣的免稅購買額度，購買的商品將與台灣同質，而且價格更低。

圖5-7：圖為平潭小額貿易免稅商城陳列各式台灣商品，
2014年6月開幕以來，半年來吸引遊客16萬人次。

　　而由國台辦派駐的平潭綜合實驗區管委會主任助理馬勇志也指出：「現在我們在蓋的小額貿易市場農漁產銷售中心，未來就準備與台灣農漁會談，假設有5萬個攤位，我們可能就拿出2~3萬個攤位移交給她們，因為台灣的農漁會比我們更有經驗更有能力，就交給她們去選商，由他們自主，這也是共同管理的概念。」[55]

　　整體來看，平潭迄今尚無明確的產業發展，但在小額商品貿易市場的推動上，雖已經蓄勢待發，但經訪談得知上述六大類產品尚未完全開放，作者根據福州學者伍長南訪談時指出，下一波將鎖定「三品一械」：食品、化妝品、藥品與醫療器械等擴大開放，以增加小商品交易商機，預計可吸納更多台商來平潭經營。

## 5. 全島封關監管是平潭最大政策亮點，但未帶動投資熱潮

　　「平潭總體規劃」中，在對台經濟政策上最大的突破亮點，在於創新通關制度和措施，其按照既有利於平潭開發和人員、貨物、交通運輸工具進出方便，又有利於加強查驗監管的原則，規劃實施所謂的「一線放寬、二線管住、人貨分離、分類管理」的管理模式，[56]根據根據福建省台灣研究會秘書長李吉壽表示：「平潭曾經列過一張表格，57%到60%幾的項目都取決於封關，不封關它沒有辦法做」。[57]

　　所謂的「一線放寬」，係將平潭與境外的口岸設定為「一線」管理，承擔出入境人員和交通運輸工具的出入境邊防檢查、檢疫等CIQS功能，以及承擔對進出境人員攜帶的行李物品和交通運輸工具載運的貨物的重點檢查功能。

[55] 請參見附錄一，1月24日平潭管委會訪談記錄。
[56] 同註47。
[57] 參見附錄一，2月13日福建省社會科學院座談訪談記錄。

　　至於所謂的「二線管住」，則是將平潭與中國大陸其他區域之間設定為「二線」管理，主要承擔貨物的報關等查驗監管功能，並承擔對人員攜帶的行李物品和交通運輸工具載運的貨物的檢查功能。

　　而「人貨分離」，乃是對從境外進入平潭與生產有關的貨物實行備案管理，區內貨物自由流轉。平潭與台灣地區之間的人員通關按現有模式管理。對從境外經「一線」進入平潭和經「二線」進入內地的旅客攜帶行李物品的具體規定和通關管理辦法，分別由中共國務院財政部、海關總署會同有關部門制定。最後，則是所謂的「分類管理」，允許平潭居住人員，允許平潭建設商業性生活消費設施和開展商業零售等業務，發展符合平潭功能定位的產業。

　　儘管截至目前為止，上述分線管理模式，已於2014年7月15日正式實施，但據研究團隊實地走訪，平潭方面封關半年來，然而並未帶動外資湧入，顯示現階段市場吸引力仍不足。

## 6. 稅收政策似具有吸引力，但整體效果猶未可知

　　依據「平潭綜合實驗區總體規劃」，未來平潭將對從境外進入平潭與生產有關的貨物給予免稅或保稅；並對設在平潭的企業生產、加工並經「二線」銷往中國大陸其他省分的貨物，照章徵收進口環節增值稅、消費稅；對平潭企業之間貨物交易免徵增值稅和消費稅。更重要的是，平潭綜合實驗區預定在制定產業准入及優惠目錄的基礎上，對平潭符合條件的企業，減按15%的稅率徵收企業所得稅；而對於在平潭工作的台灣居民涉及的個人所得稅問題，則是由福建省人民政府按內地與台灣個人所得稅負差額對台灣居民給予補貼。

　　至於在實踐層次上，平潭的確也開始有所政策落實，尤以個人所得稅為優先。

（1）個人所得稅財政補貼政策有其競爭力

　　2013年4月，平潭縣地稅局正式開通台灣居民個人所得稅業務受理綠色通道。根據《福建省人民政府關於在平潭工作的台灣居民涉及內地和台灣地區個人所得稅稅負差額補貼辦法的批復》檔，凡是在平潭任職、受雇、履約的台灣居民在平潭可獲得實際申報繳納個人所得稅的20%的財政補貼。這也是國務院發佈的《平潭總體規劃》中，賦予平潭多項優惠政策中的一項，台灣居民取得的「工資薪金所得」、「勞動報酬所得」、「稿酬所得」、「特許使用權所得」、「財產租賃所得」、「財產轉讓所得」和「其他所得」等均屬補貼範圍。台灣人來平潭工作，台灣個人所得稅起徵點折合人民幣差不多也是3500元，扣除起征點後折合人民幣1.9萬元以下月薪的稅率是6%，而大陸是25%，這個差額將由福建政府補貼。

　　在實際案例方面，自4月開始實施台灣長江中興工程顧問平潭有限公司總經理嚴世傑，由此成為台胞在大陸獲得個人所得稅財政補貼的第一位受益人。[58]平潭縣地稅局局長楊勇華即表示：「目前在平潭的台資企業約有100多家，隨著兩岸的合作交往更加緊密頻繁，我們將積極為台商解讀涉台稅收政策，宣傳依法納稅的權利和義務。地稅局還將增開綠色通道，活用政策措施，為兩岸居民帶來更多便利。」而這樣的個人所得稅財政補貼政策，

58　「平潭開通對台個稅受理綠色通道　臺胞繳個稅返20%」，中國平潭網，網址：http://www.pingtan.gov.cn/xxgk/show.aspx?ctlgid=231814&id=8781。

雖然不見得對台灣民眾「更」有吸引力，但由於貼近台灣的制度，至少可以讓台灣民眾來到平潭投資、工作或生活時享受到與台灣相同的財政政策待遇。

（2）企業所得稅優惠影響平潭經濟發展動向[59]

　　2011年11月，國務院批復《平潭綜合實驗區總體發展規劃》，其中提出，在制定產業准入及優惠目錄的基礎上，對平潭符合條件的企業減按15%的稅率徵收企業所得稅。產業准入及優惠目錄分別由發展改革委、財政部會同有關部門制定。誠如上述，在今年2月，國家發展改革委正式批復《平潭綜合實驗區產業發展指導目錄》（簡稱《指導目錄》）後，更讓有關平潭企業所得稅的優惠目錄何時推出，備受各界關注。由於所得稅優惠目錄涉及到真正落實的稅收優惠政策，對於企業的影響十分巨大，例如註冊平潭的企業，如果符合產業目錄，所得稅省市部分全部留給平潭，而平潭究竟又可以依據所得稅目錄的優惠政策，返還企業多少比例的稅額，就必須等待所得稅目錄正式出台公佈才能明朗。

　　其次，落腳平潭的台資企業仍以微小型店家為主，具規模的企業並未在平潭正式量產，15%的企所稅可能要到自貿區成立後才能顯現平潭在稅務優惠的優勢。

## 8. 以政策大力扶持「平潭－台灣」海上直航航線

　　在平潭對台的具體交通政策中，最為重要的自然就是設立平潭海運口岸，並在東澳和金井灣設立兩岸快捷客貨滾裝碼頭，列為對台海上客貨直航點，構建兩岸直接往來快捷通道。此外，平

---

[59] 「平潭企業所得稅優惠目錄有望上半年發佈」，中國平潭網，網址：http://www.pingtan.gov.cn/xxgk/show.aspx?ctlgid=231814&id=8478。

潭綜合實驗區也規劃適時簡化兩岸人員出入境手續，進一步便利兩岸人員往來，特別是對於現行境外駕駛人、境外車輛的相關管理規定基礎上，規劃辦理臨時牌照許可權下放至平潭車輛管理部門，並允許台灣地區機動車在臨時牌照有效期內多次自由進出平潭。

　　而在實質操作上，平潭對於打造「兩岸海上直航通道」的政策力度，的確相當驚人，其一是「平潭－台中」航線的開通與推展，其二則是「平潭－台北」航線的推動。

（1）不惜賠本，以政策挹注「平潭－台中」航線的開通與落實

　　2011年12月「平潭－台中」海上直航客滾航線開通運營，象徵著平潭對於致力建設兩岸海上直航通道的政策決心，「平潭－台中」海上直航航線是大陸首條對台高速客滾航線，是目前大陸至台灣本島航行時間最短的海上航線，由大陸首艘高速客滾輪「海峽號」執航，票價與小三通相近。[60]以維持對台商的競爭力與吸引力。

　　隨著平潭至台中航線的常態化運營，海峽號也逐漸成為中共方面推動溝通兩岸社會交流、觀光旅遊和兩岸經濟文化交流的新通道，並政策性地指導大陸民眾搭乘「海峽號」到台灣探親訪友、商務往來。據統計，台中到平潭已有1周4班的「海峽號」，1年可運送40萬人次。[61]不但大幅超過了同期的「馬祖－馬尾」的小三通航線，更使馬祖小三通陷入營運困境。

---

60 曾麗芳，2011，〈台中港舉行「台中－福建平潭首航」 海峽號打造兩岸黃金新航線〉，《工商日報》，12月2日，第A11版。
61 黃佩君，2013，〈打造經濟示範區平潭可做後盾 葉匡時：台北平潭客貨輪5月開航〉，《旺報》，4月18日，第B1版。

　　據平潭當地台商指出，目前海峽號船票是來回票1030元人民幣，但由於海峽號是設定可載人載貨載車，但目前只能載人，所以縱使每班都客滿也是虧損，船東說目前一年還是虧損4700萬人民幣。[62]此外，由於中國大陸仍是嚴格控管人流移動的國家，海峽號除透過政府的財政補貼外，更利用政策的指導，推動海西區周邊（例如浙江或福建）的進香團、旅遊團經過平潭前往台灣，以達到一年增加10萬人次的目標。[63]

（2）「平潭－台灣」海上直航雖不符經濟效益，但仍為中共彰
　　　顯政治企圖的重要標誌

　　但無論是「平潭－台北」或「平潭－台中」航線，由於平潭本地交通基礎設施未臻完善，抵台後的台北港或台中港聯外交通也不算便利，復以台灣海峽海象不佳、往往不宜行駛客輪（特別是東北季風盛行的秋冬季節），因此並不具備真正市場機制下的競爭力，所以才會有中共不惜血本地以政策和財政大力扶持的現象，其目的還是要創造「平潭是中國大陸距離台灣的一點」之地緣優勢假象。但誠如上述，由於中共掌握人流移動的根本大權，對於未來其推動「平潭－台灣」海上直航航線的決心，企圖心十分明顯。

（3）平潭海洋大學籌建辦揭牌，企圖連結兩岸高等教育事業

　　平潭海洋大學已經在2012年年底舉行揭牌儀式。在學科專業的設置上，平潭海洋大學將以海洋類的學科專業為主，設置海洋科學技術類、海洋工程類等相關學科和專業，充分體現海洋學科

---

[62] 請參見1月24日平潭台商協會籌備處訪談記錄。
[63] 同上註。

特色。根據計畫，學校將在規劃完成後進行動工。在規劃中，平潭預期通過海洋大學高起點、高標準的建設，可吸引台灣高校的優質資源，吸收台灣的生源到海洋大學就讀、就業。

目前平潭海洋大學的各項籌建工作正有序開展，平潭海洋大學選址落定壇西大道西側，規劃占地面積2200畝，辦學規模為25000人。按照統一規劃、分步建設的原則，首期辦學規模為5000人。然而，2014年底平潭海洋大學仍在福州大學內育成中，尚未遷至平潭，目前平潭海洋大學的規劃仍屬籌辦中，在2014年平潭當地仍未完成設立當地大學之目標。[64]

## 三、「平潭綜合實驗區」對台政策的影響評估

雖然平潭綜合實驗區進行規劃建設僅4年，成效有限，期待對台各項政治、經濟、社會等對接能量與磁吸作用，實質上皆未明顯，僅有大肆宣傳。然而平潭綜合實驗區規劃期至2020年，若北京中央給予其必要政策強力背書，依照「平潭綜合實驗區總體發展規劃」藍圖進行建設投資，將可能對未來台灣帶來政治、經濟、社會帶來一定程度的衝擊影響，茲評估分析如下。

## （一）未來台灣政治層面的影響

### 1. 政治忠誠衝突問題

平潭綜合實驗區有計畫公開招募台灣人才赴平潭擔任管理與專業職務，其中相關職務皆隸屬政府機關，薪資也來自政府機關預算，明顯有抵觸台灣「台灣地區與大陸地區人民關係條例」第

---

三十三條、[65]第三十三條之一。[66]

　　因此，前往平潭任職實驗區所公開招聘職務，若沒有經由台灣政府許可，恐有觸法之疑慮，包括參與共同規劃的中興顧問公司、目前已於去年底到職，擔任「平潭綜合實驗區」第一個台灣人副主任──梁勤榮，都可能涉及觸法。

　　平潭高調公開招募台灣人才舉動，目前大陸政府雖已清楚抵觸台灣法律制度，準備將平潭綜合實驗區招募人才機構轉化為「公司型態」，並強調這些台灣人才並非是大陸公務員。另有主張希望透過兩岸協商解決，如國台辦經濟局副局長就主張兩岸應透過ECFA協商，或是服務貿易協商，來解決台灣人才到平潭就業的問題[67]。

　　未來台灣人才擔任黨政軍職務或政治性工作的適法性問題，若無法妥善處理，平潭徵才模式可能被其他大陸政府機構所效法，大量台灣人才被以相同模式吸引任職，長期下來將出現在大

---

[65] 兩岸人民關係條例第三十三條第三項規定臺灣地區人民、法人、團體或其他機構，擔任大陸地區之職務或為其成員，有下列情況之一者，應經許可：
一、所擔任大陸地區黨務、軍事、行政或具政治性機關（構）、團體之職務或為成員，未經依前項規定公告禁止者。
二、有影響國家安全、利益之虞或基於政策需要經各該主管機關會商行政院大陸委員會公告者。

[66] 兩岸人民關係條例第三十三條之一規定「臺灣地區人民、法人、團體或其他機構，非經各該主管機關許可」，不得為下列行為：
一、與大陸地區黨務、軍事、行政、具政治性機關（構）、團體或涉及對臺政治工作、影響國家安全或利益之機關（構）、團體為任何合作行為。
二、與大陸地區人民、法人、團體或其他機構，為涉及政治性內容之合作行為。
三、與大陸地區人民、法人、團體或其他機構聯合設立政治性法人、團體或其他機關。

[67] 請參見4月15日國臺辦訪談記錄。

陸政府相關機構的台灣人才出現「政治忠誠」衝突問題，將使台灣國家安全出現嚴重的考驗。包括兩種政治效忠衝突的樣態，第一、個人生計問題、生涯規劃與國家認同相互衝突，第二、赴大陸政府機構任職人員，其國家忠誠度遭質疑的內部矛盾問題，可能釀成台灣內部國家認同危機。因此對平潭用人模式，台灣政府宜由有長遠思考、審慎因應。

## （二）效法香港模式進行兩岸制度融合共治的示範區

依照中國大陸對香港經濟對接模式，研究團體赴北京專訪發改委相關學者目前五項具有六項不同層次、不同梯次的經濟對接模式，發改委巨集觀經濟研究院常修澤表示，中國大陸內地與香港區域整合主要可分成下列層次：

### 1. 陸港對接模式——透過各種經濟區域合作打破行政區域劃分

依照發改委宏觀經濟研究院常修澤表示，中國大陸內地與香港區域整合主要可分成下列層次：

（1）CEPA層次，香港與整個內地31個省市的整合。

（2）「九＋二」層次：於2004年泛珠三角區域經濟合作，鄰近香港、澳門「兩個」特區的福建、江西、湖南、廣東、廣西、海南、四川、貴州、雲南等「九個」省市之間的經濟發展協作，現任中共政治局常委張德江所積極倡導，已舉行八屆，各省輪流做東。

（3）2008年底國務院通過《珠江三角洲地區改革發展規劃綱要（2008-2020）年》，由國務院發改委通過，可再分成三個大中小三層次，主要在珠江三角洲與港澳間區域合作發展，大的珠三角層次範圍包括廣東、廣

西、福建、港澳，中的珠三角層次範圍主要指廣東省全境，小珠三角指的是廣州、深圳、珠海、佛山、江門、東莞、中山、惠州、肇慶等九個主要城市。

（4）2010年廣東省與香港簽署粵港合作框架，由中央國務院牽頭的粵港兩地經濟合作協議。

（5）深港一體化，如同城化建設，深圳是拆除深圳經濟特區管理線（二線關），深港一體化加快發展。

（6）2010年8月國務院批覆前海特區——「前海深港現代服務業合作區」，將為深港合作先導區、體制機制創新區、現代服務業聚集區和結構調整引領區在六個層次中，開放條件最為優惠。

　　依據中國大陸對接香港的運作模式，有學者認為在政治面向是「兩制」向「一國」鬆動的正式制度安排[68]，也就是透過各種經濟區域合作打破行政區域劃分，目前香港與中國大陸各種區域或次區域經濟制度合作，都在為未來經濟一體化進行制度的鋪墊，而經濟一體化對未來中港社會融合、政治統合建構必要的基礎。

## 2. 中國大陸對台灣的區域整合模式

　　而中國大陸與香港區域整合模式與發展路徑，用來垂範海西區與台灣之間的區域合作運作模式，北京在操作經驗上，實具有高度參照比較的可能性。因此做為對台經濟對接模式，常修澤教授認為中國大陸對台灣的區域整合的層次，可概括如下：

---

[68] 李媛媛、馮邦彥（2007），〈CEPA：實施效應、存在問題與發展趨勢〉，《暨南學報》（哲學社會科學版），第26卷第6期，11月，頁57-63。

（1）ECFA層次，這是大陸全域性對台的整合。例如今年博鰲論壇，習近平提到「積極促進在投資和經濟合作領域加快給予台灣企業與大陸企業同等待遇」，意味未來台商將享受大陸企業的待遇，就不是外資，按內資來管理。

（2）海西經濟區層次，廈門、平潭主要的兩個拳頭，其中廈門可視為大廈門包括廈漳泉。

（3）平潭綜合實驗區，除了經濟開放合作之外，還賦予平潭社會管理創新，發揮與台灣社會層面合作。

雖然台灣與海西區的整合程度，不若香港與珠江流域各區域整合程度，但現階段「平潭綜合實驗區」無疑在未來將扮演兩岸制度融合的突破點，亦即透過經濟制度整合，包括兩岸「特區與特區」整合，作為兩岸經濟一體化新起點，為建構政治統合建立基礎。

## 3.「海西／平潭」與「粵港／前海」次區域經經整合的比較與省思

在經濟全球化和區域整合化的趨勢下，世界上陸續出現了區域經濟整合的典型案例。其中，最為人所知的當然就是自二次世界戰後即開始推動整合的歐洲聯盟（European Union, EU，以下簡稱「歐盟」）。而在中國大陸與周邊經濟區域的整合過程中，也有幾個正在推動的實例，包括中國大陸與香港在2003年6月29日簽署實行的「關於建立更緊密經貿關係的安排」（Mainland and Hong Kong Closer Economic Partnership Arrangement, CEPA）、中國大陸與東盟十國於2002年11月共同簽署了、並於2010年1月1日正式上路的「中國－東盟自由貿易區」（China-ASEAN Free Trade Area, CATFA），以及備受台海兩岸重視，在2010年6月

簽署的「海峽兩岸經濟合作架構協議」（Economic Cooperation Framework Agreement, ECFA）。其中，隨著CEPA的簽署，以及隨後每年檢討增補的「CEPA補充協議」，的確讓近年來香港和中國大陸的經濟快速整合，在此基礎上，2010年4月，香港和比鄰的廣東省，進一步簽署了「粵港合作框架協議」[69]，讓粵港澳之間的次經濟區域合作，更超越CPEA，成為制度性整合的先趨實驗。無獨有偶，中共雖早在2004年「第11個五年經濟發展規劃」中，就把北起溫州、南至汕頭，橫跨福建全區的「海西區」納入，但由於兩岸關係發展的特殊性，直到2009年5月，中國國務院才出台了《關於支持福建省加快建設海峽西岸經濟區的若干意見》，賦予福建對台經貿交流合作的先行先試與特殊政策權力；而隨著兩岸簽署ECFA，中共更進一步倡議「海西區」可以採取兩岸「共同規劃、共同開發、共同管理、共同經營、共同受益」的新模式，試圖將「海西區」發展戰略與兩岸ECFA連接。

　　由於「粵港合作框架」是超越CPEA的更緊密區域制度整合安排，而「海西區」則是在兩岸簽署ECFA之後，中共進一步超越ECFA既有規範的惠台優惠政策區域，兩者確實有許多值得類比之處，而可以作為區域整合研究中的重要經驗論證基礎：首先，「粵港合作框架」是中國大陸與香港在既有的CEPA基礎上，更超越CEPA的制度性設計，從中共的角度來看，其戰略目

[69] 「粵港澳合作框架協議」係中國廣東省人民政府和香港特別行政區政府於2010年4月7日簽署，有關於兩地在跨界基礎設施等九大領域的合作事項，這九大領域合作內容包括：跨界基礎設施、現代服務業、製造業及科技創新、營商環境、優質生活圈、完善生態建設和環境保護合作機制、教育與人才、重點合作區區域合作規劃、機制安排等。有關「粵港澳合作框架協議」全文，可參見：http://gia.info.gov.hk/general/201004/07/P201004070113_0113_63622.pdf。

標當然是為了要讓已經「統一」的香港和中國大陸，在「整合」的面向更往前跨進一步，而以國家力量介入、主導、強化粵港之間比CEPA更能夠快速整合的合作關係。其次，隨著兩岸簽署ECFA後，也加強政策力道的「海西區」，不僅打著對台政策「先行先試」的大旗，甚至更進一步喊出「共管共治」的口號，也可以看出中共希望在海西區中，找出一條提供海峽兩岸更為緊密制度性安排的政治企圖[70]。廈大台研院經濟所所長唐永紅在接受訪談時也指出，「海西到平潭的規畫從廣東到香港—澳門間的規畫，都是國務院發改委的規畫，規畫內有某種相似性，例如香港跟中國簽署CEPA走到第十一年，兩岸的ECFA還在首步還沒跨出第二步，接下來我們有海西、粵港有粵港合作框架、粵澳有粵澳合作框架，另外實驗區香港有前海、澳門有橫琴、台灣有平潭「實驗區」與廈門「綜改區」，國務院發改委的架構蠻類似的」[71]，可知，無論是「海西／平潭」或是「粵港／前海」，都可說是北京當局為了加速中國大陸為和周邊次經濟區域整合，所推動的整合模式。而面對這樣新型態的整合模式，對於兩岸關係的發展究竟會造成怎樣的衝擊和影響，實值得持續觀察注意。

## 4. 兩岸和平緩衝區

平潭綜合實驗區若依照「平潭綜合實驗區總體發展規劃」，透過兩岸「共同規劃、共同開發、共同經營、共同管理、共同受益」的合作試點，打造兩岸共同家園，建立起兩岸交流合作機

[70] 王智盛，2009，〈當前海西區的發展情況與優劣勢〉，「福建召開『海峽論壇』之意義與對兩岸關係影響之探討」座談會，台北：亞太和平研究基金會，2009年5月。
[71] 請參見1月23日廈門大學台灣研究院訪談記錄。

制，平潭綜合實驗區將為「推進兩岸和平發展和中國和平統一大業發揮更大作用」[72]。

　　未來平潭被賦予多種對台工作目標，包括經濟合作、社會共治，以及為兩岸和平統一服務等任務。因此，若不論平潭具有「和平統一」政治目標，平潭綜合實驗區未來具有「經濟互賴」、「制度整合」與「價值共用」等三要素相互建構的機會，未來到底是中國大陸透過平潭影響台灣，還是台灣透過平潭影響中國大陸，長遠而言，尚難定論。

　　然而平潭作為兩岸「融合共治示範區」，平潭的開放格局、融合共治、共同家園的特色，在兩岸關係和平發展上具有正面意義，亦即扮演「兩岸和平緩衝區」積極角色，具有阻卻兩岸發生大規模衝突與戰爭的緩衝作用。

## （三）未來對台灣社會層面的影響

### 1. 兩岸國民待遇化

#### （1）形塑台灣社區出現

　　平潭標榜兩岸共同家園與「五個共同」的兩岸合作交流機制必須有個大前提，就是必須出現台灣人聚集的社區出現，否則沒有足夠的台灣社區參與，所謂共同家園與「五個共同」都不可能有操作的空間，平潭建設與形象將經不起時間的檢驗。

　　然而未來有所謂的「台灣社區」出現，平潭就有可能以樣版文宣繼續積極大肆宣傳，以便吸納更多的台灣社區成立，便可打造平潭成為台灣「第二生活圈」品牌。

---

[72] 「平潭綜合實驗區總體發展規劃」，2011，11月18日國務院批復，12月11日國家發展和改革委員會印發，福建省平潭綜合實驗區印製，頁26。

因為最初海西規劃中，只提出要在福建「條件適合的地區」來設立海關特殊監管區的想法。但事實上後來的平潭是遠遠超出了以往所謂的「海關特殊監管區」的模式。平潭島的範圍較大，島上並有接近四十萬人的居民。以往大陸的特殊監管區的原則是封閉的、裡面不能有任何居民的。但平潭為了加強與台灣之間的合作、對台經濟交流，將以各種「國民待遇措施」吸引台灣人到平潭發展，以體現兩岸共同家園的形象。

建立台灣社區，未來平潭當局勢必推動各項國民待遇措施，吸引更多台灣人移居平潭。目前平潭仍處基礎建設階段，未來有可能在全島封關進行海關特殊監理，形成東亞最大的自由貿易特區，形成各界焦點後，才有可能陸續釋出一系列的「國民待遇措施」，包括擴大台灣專業證照可在平潭執業、爭取成立台灣醫療院所設有健保門診、允許台車登島、台灣各項服務產業優先社會准入、招攬台灣農漁會設立免稅商城、招攬台灣學生就讀平潭海洋大學等等。

（2）招募人才衝擊台灣青年信心

平潭若繼續公開招募台灣人才到平潭公私立機構任職，且薪資平均較台灣為高，恐長期而言，對台灣社會將有一定程度的負面影響。另方面需留意，平潭當局藉由公開高薪招募台灣人才方式，刻意製造平潭發展高薪化印象，甚至凸顯台灣低薪化的長期趨勢，衝擊台灣青年對未來信心，憧憬未來至平潭發展。

過去平潭當局為製造海峽號直航台灣硬是衝出一年10萬人次，就算一年慘賠三、四千萬人民幣，仍繼續加碼麗娜輪翌年開航，並積極開通對台中、台北、基隆的開航，且繼續聲稱要達每年二十萬人次，企圖營造平潭海運直航的優勢形象，證明平潭未

來有國家保證支撐，塑造未來潛力無窮的形象塑造。

目前平潭招募台灣人才薪資是否有灌水之嫌，尚不得而知，但其比照甚至超越台灣現行薪資水準則至為明顯，營造平潭是青年創意的新樂園。

有關台灣人才來平潭擔任實驗區職務問題，國台辦派駐平潭實驗區的主任助理馬勇志表示，實驗區內部出現不同酬現象，台幹年薪50到60萬元，但大陸幹部只有10萬元，一方面顯示他們不同於大陸公務員體系，另方面主要吸引台灣人任職[73]。

表5-4：平潭綜合實驗區2012年引進海內外高層次人才（團隊）公告一覽表

| 平潭綜合實驗區管委會招聘台灣專才（20名） | |
|---|---|
| 區管委會副主任1名<br>區管委會辦公室副主任1名<br>區經濟發展局副局長1名<br>區環境與國土資源局副局長1名<br>區交通與建設局副局長1名<br>區傳媒中心編導1名<br>區傳媒中心視頻包裝技術人員1名<br>區水務投資有限公司副總經理1名<br>區鼎新房地產發展有限公司副總經理1名<br>區鼎新房地產發展有限公司工程造價師1名<br>區國有資產投資有限公司部門經理1名<br>區交通投資發展有限公司副總經理1名<br>區交通投資發展有限公司部門經理1名<br>海壇風景名勝區管理處副主任1名<br>海壇風景名勝區管理處主任助理1名<br>區森林與園林有限公司副總經理<br>區森林與園林有限公司部門經理1名<br>區森林與園林有限公司苗木培育技術人員1名<br>平潭縣醫院副院長1名<br>平潭縣職業中專學校副校長1名 | 1.年薪。以上招聘人員根據崗位實際情況分別給予年薪20-60萬元人民幣，具體面議。<br>2.由管委會提供免租金公共租賃房；服務年限滿3年、在實驗區首次購房的，可購置一套限價商品房。<br>3.引進的台灣專才涉及的個人所得稅按大陸與台灣個人所得稅負差額給予補貼，補貼免徵個人所得稅。<br>4.可按有關政策參加當地養老、醫療等社會保險。 |

---

[73] 請參見1月24日平潭綜合實驗區管理委員會訪談記錄。

| 平潭綜合實驗區發展研究中心招聘台灣專才和海外人才（5名） | |
|---|---|
| 區發展研究中心副主任1名<br>財政稅收領域研究員1名<br>產業經濟領域研究員1名<br>兩岸政策領域研究員1名<br>行政管理領域研究員1名 | 1.年薪。以上招聘人員根據崗位實際情況分別給予年薪25-50萬元人民幣，具體面議。<br>2.由管委會提供免租金公共租賃房；服務年限滿3年、在實驗區首次購房的，可購置一套限價商品房。<br>3.台灣專才涉及的個人所得稅按大陸與台灣個人所得稅負差額給予補貼，補貼免徵個人所得稅。<br>4.可按有關政策參加當地養老、醫療等社會保險。 |
| 平潭綜合實驗區引進海內外創新創業團隊（10個） | |
| （一）創新創業團隊（6個）<br>　　電子信息團隊<br>　　新能源團隊<br>　　海洋生物團隊<br>　　旅遊及文化創意團隊<br>　　現代物流團隊<br>　　兩岸金融合作團隊 | （1）根據團隊實際情況分別給予300-1000萬元人民幣的項目補助，給予團隊帶頭人50-150萬元人民幣生活經費補助。<br>（2）驗區工作滿5年且每年在實驗區實際工作時間不少於6個月的，在實驗區首次購房可購置1套限價商品房。<br>（3）團隊帶頭人5年內繳納的個人所得稅地方留成部分按70%給予獎勵；引進的台灣地區人才個人所得稅按大陸與台灣個人所得稅負差額給予補貼，補貼免徵個人所得稅。 |
| （二）項目合作團隊（4個，面向台灣地區）<br>　　科技智慧島規劃團隊<br>　　火車站片區規劃團隊<br>　　城市交通軌道規劃團隊<br>　　植物多樣性研究團隊 | 項目合作經費按合同，確定。 |
| 平潭海洋大學（籌建）招聘海內外急需緊缺高層次人才（92-118名） | |
| 1.依託福州大學（50名）<br>船舶與海洋工程5名<br>港口航道與海洋工程5名<br>海洋資源開發技術5名<br>環境生物與漁業科學5名 | 1.符合「福建省引進高層次創業創新人才」條件的，享受100-200萬元人民幣生活工作經費（包括工資、崗位津貼等）、120平方米以上住房（五年內免租金）等政策待遇。 |

| | |
|---|---|
| 通訊與導航工程5名<br>河海工程5名<br>海洋運輸與港口物流5名<br>物流與供應鏈管理5名<br>海洋文化與海洋經濟5名<br>海洋法律5名 | 2.學科帶頭人或相當層次人才，享受80-120萬元人民幣生活工作經費（包括工資、崗位津貼等）、120平方米以上住房（三年內免租金）等政策待遇。 |
| 2.依託福建師範大學（22-36名）<br>新聞傳播學2-3名<br>藝術學6-10名<br>計算機科學與技術2-3名<br>旅遊管理3-5名<br>酒店管理3-5名<br>會展經濟與管理3-5名<br>休閒管理3-5名 | 3.教授或相當層次人才，享受80-100萬元人民幣生活工作經費（包括工資、崗位津貼等）、100平方米以上住房（三年內免租金）等政策待遇。 |
| 3.依託福建中醫藥大學（12-16名）<br>海洋藥物教學科研6-10名<br>康復醫學教學科研臨床5名<br>醫學影像學教學科研1名 | 4.副教授或相當層次人才，享受30-60萬元人民幣生活工作經費（包括工資、崗位津貼等）、80平方米以上住房（三年內免租金）等政策待遇。 |
| 4.依託福建工程學院（8-16名）<br>土木工程1-2名<br>材料成型及控制工程1-2名<br>建築學1-2名<br>交通工程（運營與管理）1-2名<br>機械設計製造及其自動化1-2名<br>車輛工程1-2名<br>通信工程1-2名<br>新聞學1-2名 | 5.博士享受20-40萬元人民幣生活工作經費（包括工資、崗位津貼等）、50平方米以上的住房（三年內免租金）等政策待遇。 |
| 福建醫科大學附屬協和醫院平潭分院招聘海內外急需緊缺高層次人才（29-58名） | |
| 內科學（血液病方向）1-2名<br>內科學（心血管病方向）1-2名<br>內科學（內分泌方向）1-2名<br>內科學（消化內科方向）1-2名<br>內科學（風濕病方向）1-2名<br>內科學（腎臟病方向）1-2名<br>神經病學1-2名<br>老年醫學1-2名<br>內科學（呼吸內科方向）1-2名<br>腫瘤學（腫瘤內科方向）1-2名 | 1.符合「福建省引進高層次創業創新人才」條件的，享受100-200萬元人民幣生活工作經費（包括工資、崗位津貼等）、120平方米以上住房（五年內免租金）等政策待遇。<br>2.學科帶頭人或相當層次人才，享受80-120萬元人民幣生活工作經費（包括工資、崗位津貼等）、120平方米以上住房（三年內免租金）等政策待遇。 |

| | |
|---|---|
| 急診醫學，內科學（重症醫學）1-2名<br>急診醫學1-2名<br>急診外科1-2名<br>外科學（神經外科方向）1-2名<br>外科學（骨科方向）1-2名<br>外科學（心臟大血管外科方向）1-2名<br>外科學（胸外科方向）1-2名<br>外科學（普通外科方向）1-2名<br>外科學（泌尿外科方向）1-2名<br>眼科學1-2名<br>耳鼻咽喉科學1-2名<br>婦產科學1-2名<br>兒科學1-2名<br>麻醉科學1-2名<br>超聲醫學1-2名<br>放射醫學1-2名<br>醫學檢驗1-2名<br>病理學1-2名<br>藥學1-2名 | 3.教授或主任醫師及相當層次人才，享受80-100萬元人民幣生活工作經費（包括工資、崗位津貼等）、100平方米以上住房（三年內免租金）等政策待遇。<br>4.副教授或副主任醫師及相當層次人才，享受30-60萬元人民幣生活工作經費（包括工資、崗位津貼等）、80平方米以上住房（三年內免租金）等政策待遇。<br>5.博士享受20-40萬元人民幣生活工作經費（包括工資、崗位津貼等）、50平方米以上的住房（三年內免租金）等政策待遇。 |

資料來源：研究團隊自行繪製。整理自《中國組織人事報》，http://renshi.people.com.cn/BIG5/17120998.html

## （四）未來對台灣經濟層面的影響

平潭相關經濟政策的逐漸落實，對於台灣經濟層面的影響，主要又可以區分為對於台灣總體經濟的影響，以及對於離島－特別是金門經濟發展的影響，以下兩節，茲就此二層面，分別析論之。

### 1. 平潭總體經濟政策對台灣經濟的影響評估

從平潭總體規劃的進程安排中可以理解，2011至2013年的三年期間，平潭更著重自身基礎建設，所以喊出「一天一個億，三年一千億」的口號，但在涉台的經貿政策部分，其實迄今為止出台的政策相當有限，大部分仍停留在「口惠而實不至」階段。但

持平而論，平潭確實依據「規劃」漸次發展，但短期內始終著重在其基礎建設之上。平潭台辦處長、同時也是平潭台商協會秘書長的林桂強就直指：「我們要花3年打造基礎設施，除了硬件基礎設施還有軟環境的政策能否到位，要等這些都到齊了，平潭才具備與台灣對接的條件，這需要過程的」[74]。

　　相較於上述「口惠而實不至」的惠台經濟政策，平潭近年來在基礎建設上的進步發展是有目共睹的。換言之，從短期發展和建設的落實程度來看，平潭確實有著落實總體規劃的「決心」。而投射到未來，待其基礎建設大致完成後，未來五到十年的中長期規劃中，將可能出台更多惠台經濟政策。

　　2015年中國宣佈第二波自貿區名單廣東、福建、天津三地，福建自貿區在120平方公里（實際為118平方公里），則又區分福州（31平方公里）、廈門（43平方公里）、平潭（43平方公里），其中參訪重點的平潭自貿區有分為高新技術產業區15平方公里、港口經貿區16平方公里，以及旅遊休閒區12平方公里。經過與福州、平潭學者與業者實地訪談，成立福建自貿區主要是為對接台灣產業，特別是集中在「轉口貿易」與「跨境電子商務」，最具有發展空間與潛力，其中「轉口貿易」會因東亞區域經濟整合進一步深化後，台灣遭遇更嚴重邊緣化危機，可將貨物透過鄰近福建自貿區進行轉口，可利用中國加入RCEP、或中國與其他國家簽署FTA的優勢，以減少關稅損失。至於「跨境電子商務」因中國封鎖台灣地區的網域，台灣業者難以進入中國大陸進行電子商務，但進入福建自貿區則替許多台灣業者打開「跨境電子商務」的大門。

---

[74] 請參見1月24日平潭台商協會籌備處訪談記錄。

圖5-8：平潭綜合實驗區將於2015年成立自貿區，共規劃43平方公里，
分「高新技術產業區」（15平方公里）、「港口經貿區」
（16平方公里）、「旅遊休閒區」（12平方公里）等三個片區。

## 2. 平潭政策並未因十八大換屆而降低力道

目前出台的經濟政策，確實都是由中央單位「牽頭」，顯見平潭政策位階不低，可說是中共集總體之力發動的對台政策。進一步言，儘管在習近平接任中共黨總書記的十八大政治報告中，未見「海西」與「平潭」的政策宣示，但根據國台辦官員表示，主要是因為「海西」與「平潭」仍屬「政府」層次的施政政策，而非「黨」層次的政治性政策所致。在2013年陸續由其中央部委跨部合作（例如：由發改委牽頭的部際聯合會議、各部委依自身業務出台不同優惠政策）的大力推動下，2014年11月1日習近平總書記的平潭調研並與台商座談，[75]以及平潭將於2015進步升級為自貿區等等，更顯示出中共對於平潭政策的力道有增無減，並未因十八大後的新人新政而有所改變。

## 3. 平潭模式將與前海模式／橫琴模式齊頭並進

目前平潭出台的經貿優惠政策，均以「操之在己」的政策出台為主。但誠如發改委官員所言：「平潭、橫琴、前海、南沙規劃的政策事實上都是發改委的地區司進行規畫的，在我們做這些規劃文件的同時勢必有彼此參照、借鑑的地方。這些政策規劃一方面要充分尊重地方的發展與要求，例如平潭規劃的初稿便是通過福建、台灣共同來研究制定。」[76]評估平潭發展模式，未來可能循香港前海和澳門橫琴模式相互參照、齊頭並進。對此，國台辦經濟局副局長彭慶恩也不諱言，「中國大陸類似海關特殊監理

---

[75] 林瑞益，2014，〈習近平考察平潭 歡迎台商投資，將續為台商創造良好投資環境〉，《旺報》，11月2日第A2版。

[76] 請參見4月16日國務院發改委訪談記錄。

的特區有三個，廣東橫琴、香港前海以及福建平潭……平潭在制定平潭綜合規劃中就參照橫琴海關監管政策。」[77]更顯知中共確實將「台灣／平潭」、「香港／前海」、「澳門／橫琴」的政策發展模式，放在同一個天平之上。

## 4. 平潭政策的落實有賴在ECFA下的推動

「平潭總體規劃」開宗明義就強調「在ECFA下探索先行先試」，未來平潭如何進一步操作或落實，也應從ECFA發展脈絡中探尋：例如服務貿易協議簽署後，是否先行先試的開放相關項目，又或投保協議簽署後在仲裁事務上如何「共同管理」。在實地訪談中，從學者、官員到台商，幾乎都異口同聲地希望將「平潭」政策放到兩岸ECFA的談判架構下，才能進一步去落實推動。也證明了平潭作為兩岸次區域合作的重要實驗區，必須透過兩岸雙方中央政府的協議合作方能具有成效，而台灣馬政府方面也願意在ECFA協議架構下進行協商。此外，平潭的經濟政策除追求平潭自身發展之外，其核心目標是要形塑與台灣民眾的「共同家園」，因此研判將會持續出台各種與台灣相類同的政策，以便和台灣全面「對接」。

## 5. 平潭個別經濟政策對台灣經濟的影響評估

### （1）產業與投資

#### a. 台商投資有限、產業規模不大

截至目前為止，台資對於平潭的投資有限，且除宸鴻科技外，大多非重要產業，顯示平潭吸引力不足。事實上目前進入平

---

[77] 請參見4月15日國台辦訪談記錄。

潭投資的台商，根據與平潭官員訪談得知，截至2014年底，平潭實有公司制內資企業5320戶，註冊資本為460億元，外資企業378戶，外資直接投資2.15億美元，註冊資本10.42美金。其中台資企業278家，占外資企業的74%。[78] 主要可以分為兩大類，一為參與平潭基礎建設或伺機炒作房地產，二為準備長期進駐投入平潭。前者多半為中大型的企業，但其實主要是著眼於對於平潭的投機，而後者才是目前平潭台商的主力，卻多為中小型企業——甚至是「小吃產業」——並不具備兩岸產業垂直整合與合作的條件。

b. 對台灣總體經濟雖無暫實質衝擊，但仍須注意平潭自貿區
對台灣潛在威脅與機會

從目前台商對於平潭的投資結構來看，根本不構成產業外移磁吸的威脅。事實上，目前赴平潭投資的台商，主要多是著眼於平潭對小額商品交易市場正式運營後，將會吸引大量的島外遊客前來旅遊購物，還可方便平潭生活的台灣居民購買他們習慣使用的各種商品，而非平潭真正具有極為強大的經濟區位優勢吸引重要產業轉移。因此，截至2014年底，平潭對我總體經濟並無實質衝擊影響。

經過與福州、平潭學者與業者實地訪談，成立福建自貿區主要是為對接台灣產業，特別是集中在「轉口貿易」與「跨境電子商務」最具有發展空間與潛力，其中「轉口貿易」會因東亞區域經濟整合進一步深化後，台灣遭遇更嚴重邊緣化危機，可將貨物透過鄰近福建自貿區進行轉口，可利用中國加入RCEP、或中國與其他國家簽署FTA的優勢，以減少關稅損失。

---

[78] 作者2015年2月前往平潭調研最新結果。

至於「跨境電子商務」因中國封鎖台灣地區的網域，台灣難以進入中國電子商務市場，但進入自貿區則替許多台灣業者打開「跨境電子商務」的大門。因此台灣對平潭自貿區的設置宜思考整個東亞自貿區形成，台灣遭受邊緣化加劇廠商就可能藉由平潭進行轉口貿易。

## （2）交通運輸
### a. 可能創造兩岸物流新模式，但影響僅限於小額商品貿易

「平潭－台灣」的海上直航航線，可能形成兩岸海運運輸新模式，重構兩岸貨物運送模式。據瞭解，平潭對台小額商品交易市場距離澳前高速客滾碼頭僅5分鐘車程，海峽號（平潭－台中）、麗娜輪（平潭－台北）具備的貨運承載能力將為平潭對台小額商品交易市場提供高速、高效的物流配送服務，的確可能形成對於兩岸貨物流通的另一種新選擇。但持平來說，受限於平潭本身碼頭的承載能力、交通輻射的能量和產業區位的發展，平潭海上直航目前所能創造的新物流趨勢，恐仍僅限於自身的小額商品貿易市場。

根據作者實地調研，平潭經營台灣商品免稅商品的小貿商城已經開幕，但目前參與店家僅170家，其中僅50家為台灣人所成立，其餘120家為大陸人所開設，去年2014年約半年的營業額為6163萬人民幣，接待遊客16萬人次，其中含大陸店家透過「螞蟻搬家」，自小貿商城批發貨至平潭外面市場或至外省市販買。而小額貿易商城共興建38棟，其中僅一棟的一半樓層出租使用，小額商品招商成效甚為有限。

圖5-9：平潭小貿商城部分大陸業者透過「螞蟻搬家」方式，
將免稅進口的台灣商品運至平潭市區或外省市去販賣，
圖為搬運工人等待查驗出關。作者攝自平潭小貿商城

　　b. 對於兩岸人流的影響，金馬小三通首當其衝

　　但在中共政策指導和財政補貼的支持下，「平潭－台灣」海
上航線在人流效應已逐漸浮現，特別對金馬小三通已造成負面衝
擊，平潭發展與自貿區規劃有其對台戰略意涵，過去小三通人
流就受平潭與台灣兩岸直航影響，尤其中共當局透過陸客組團赴
台旅遊刻意走平潭直航台灣最為顯著，馬祖小三通陸客幾乎改走
平潭。

　　為了發展平潭，大陸當局近期開始針對小三通貨運採取依法
行政的正規化措施，過去金門小三通的貨運檢驗標準較為寬鬆且
課稅較低，自2014年11月起對金門小三通貨運採正規化措施後，
金門小三通貨運量遽降，過去可行駛大陸六個口岸如今只剩一個
口岸，而專門載運台灣小商品的「台富八號」（45個集裝箱的散
裝貨輪）至平潭的貨運量（目前航行至江陰停靠）則明顯增加。

圖5-10：平潭小貿商城陳列金門高梁酒，因白酒尚未列入免稅項目，
售價是台灣的兩倍以上。作者攝自平潭小貿商城。

平潭自貿區成立後，對金門的牽動影響將更加嚴重。目前平潭小貿商城並沒有打算開放台灣白酒免稅進入，根據作者實地比價，目前小貿商城販售的金門高梁酒大約為台灣售價的兩倍以上。

## （3）海關監管

### a. 初步封關完成、效應猶未可知

平潭尚有40萬人口，封關後如何管理還是難題。特別是比較香港前海和澳門橫琴，後二者不僅幾乎是無人之地，且地理面積遠遠不如平潭，後二者的封關對於當地政府（深圳／前海；珠海／橫琴）都已經是一項艱鉅而複雜的工程，而目前擁有40萬人口居住、面積超過390平方公里的平潭島究竟要如何實施全島封

關，更顯得困難不少。然而目前平潭進出口貨物尚少，封關運作已初步完成。

b. 透過封關運作，凸顯平潭優勢

相較於平潭其他特殊政策的出台（例如產業目錄、稅收目錄），質檢總局對於平潭海關特殊監管政策的之時可謂不遺餘力。不僅在政策出台的速度、內容上比其他部委來得更為積極，且給與的特殊監管政策範圍也顯得大刀闊斧。此當然平潭要作為一個「全島封關」的海關特殊監理區域有關，但由於質檢總局的積極支持，研判未來海關的特殊監管，將會是平潭特殊政策的主要賣點之一，因此必須封關運作才能凸顯平潭優勢與特殊政策，2014年7月平潭已初步電子圍網封關運作，並邁向自貿區與自由島又跨進一大步。

圖5-11：平潭為凸顯政策優勢自2014年7月正式封關運作，
圖為平潭電子圍網監理作業。2015年2月作者拍攝。

# 第六章 未來兩岸次區域合作的機會與挑戰

## 一、中國對台次區域合作的總體策略與成效評估

### （一）中國對台灣次區域合作總體策略

　　雖然次區域合作需以地緣關係為合作條件，但中國對台灣經濟與產業的對接合作，並不限對地緣位置最靠近台灣的「海西區」，而是呈現如呂曜志等人所說的「多區域並進的多對一合作關係」（林佳龍等，2013：19），超越次區域合作的地緣因素單純考量。然而，為符合「次區域合作」指標（如地緣鄰近性、地方政府主導），並避免與一般的區域合作概念相混淆，在狹義的觀點而言，中國針對台灣的次區域合作，仍以「海西區」為主。

　　從政策出台的過程，中國大陸推動「海西區」師承「粵港澳合作框架」經驗，「海西區」與「粵港澳」具有某種程度的制度同形性。包括運作機制、總體規劃、實驗區提出等制度建構皆一脈相承，「海西區」對台次區域合作模仿「粵港澳」模式（邱垂正、張仕賢，2014：139-159）。所差別的是，「海西區」仍是中國方面單方面的政策產物，兩岸政府尚未展開合作推進，因此「海西區」目前成效尚屬有限，2013年兩岸簽署「服貿協議」，大陸方面透過優先開放「海西區」市場於台灣企業，算是首次通過合作形式進行「海西區」次區域合作，然而「服貿協議」於2014年底尚未通過，合作成效仍未顯現。

## （二）中國對台灣次區域合作成效初步評估

　　「海西區」作為對台灣的次區域合作，就成效為而言仍屬有限。台灣電電公會2014年發佈的大陸投資環境評比與風險調查為例，最值得投資大陸城市仍大部分集中在長江三角洲的蘇州、昆山等城市。[1]2011年11月中國國務院發佈「平潭綜合實驗區總體發展規劃」以來，一系列對台優惠政策，甚至只屬於平潭綜合實驗區所獨有特殊政策相繼出台，經過四年來官方大肆宣傳，整體而言，目前對台招商引資成效，如前章所述仍相當有限，但因北京當局持續強力政策背書下，並成為中共中央高層官員最密集視察的焦點（表6-1），[2]北京領導的強力背書下，後續發展潛力仍備受矚目。

　　中共推出平潭實驗區主要目的是作為「海峽西岸經濟區」的增長極。在2009年規劃「海西區」時，福建地方政府內部對於設置「平潭」曾出現激烈的南北爭論，以廈門為主的南派認為，「平潭雖鄰近台灣（距新竹僅68海浬）但其經濟客觀條件不佳，若集中力量發展平潭將付出沈重的機會與時間成本，是「集中力量幹傻事」的錯誤決策，相當不智；[3]但以省會福州為主的北派則基於平衡福建南北發展差距，挾著決策優勢力推不屬於閩南文化語系的平潭作為與台灣經濟對接的先行先試區，且在中央背書

---

[1] 譚淑珍，2014，〈陸投資環境排行　昆山六連霸〉，《工商時報》，11月7日，第A14版。

[2] 根據作者2015年2月至平潭調研訪談時，平潭綜合實驗區對台工作處處長丁德仁表示，「根據他們統計，參訪平潭的部長級官員超過3百位，至於現任中共總書記習近平，自福建任職以來到平潭調研視察高達21次，如此獲得中央高度重視的實驗區，只有深圳可以和平潭媲美」。

[3] 作者近幾年多次廈門參加座談時，部分廈門學者與官員對平潭開發都抱持負面角度解讀，顯示福建南北矛盾頗深。

**表6-1：十八大後中共高層官員赴平潭綜合實驗區活動一覽表**

| 高層官員 | 時間 | 事由 |
|---|---|---|
| 張志軍 | 2015.1.20 | 國台辦主任主持召開兩岸農漁業交流座談會 |
| 習近平 | 2014.11.15 | 18大上任以來首次至平潭考察並與台商座談 |
| 龔清概 | 2014.6.16 | 國台辦副主任龔清概參加第三屆共同家園論壇 |
| 葉克冬 | 2013.6.17 | 國台辦副主任葉克冬參加第二屆共同家園論壇 |
| 張志軍 | 2013.3.22 | 上任以來參加平潭召開的「兩岸關係研討會」 |
| 鄭立中 | 2012.6.17 | 國台辦副主任鄭立中參加首屆共同家園論壇 |
| 胡錦濤 | 2010.2.24 | 胡錦濤總書記到平潭實地考察 |

作者自行製表

下，在「十二五」時期甚至誇口要5年投下2500億人民幣鉅資，專款開發發展平潭。

經過三年積極建設開發，平潭島硬體基礎建設確實突飛猛進，但因特區政策推動上缺少必要的頂層設計（沒有立法保障以及設立中央專責機構），對台優惠政策與構想在平潭地方政府層級往往缺乏實施細則，常流於空談，口惠實不至。因此，要評估平潭對台經濟對接成效以及作為「海西區」增長極功能的績效，現階段平潭可說是仍處於發展過程的初級階段，扮演所謂「海西區」增長極的功能更是「成效不彰」。

但2013年在國務院發改委牽頭下成立「平潭部際聯繫會議」，中央與地方、各部委相關機構的協調已能有效順利推動，加上首任管委會主任龔清概升任國台辦副主任，積極配合推動平潭建設，若以20年規劃發展期程來看，平潭後勢發展仍具潛力。值得注意的是，2014年以來平潭積極落實「境內關外」特殊海關監理機制，已頗具效率，特別是今年以來有兩項重要政策目標相繼宣佈啟動，一是6月17日完成平潭小額貿易商城的開幕營業，二是7月15日完成平潭的封關運作。這兩項平潭重要政策相繼逐步實施，對中共中央賦予平潭28項特殊優惠政策實施，將可發揮

落實作用，「平潭優勢」可望逐漸顯現出來，對台吸引力也逐步強化，值得持續關注。

## （三）現階段「平潭綜合實驗區」的成效評估

2011年11月中國國務院發佈「平潭綜合實驗區總體發展規劃」以來，一系列對台優惠政策，甚至只屬於平潭綜合實驗區所獨有特殊政策相繼出台，經過三年來官方大肆宣傳，整體而言，目前對台招商引資成效仍相當有限，但因中共政府強力背書下，後續發展潛力仍備受矚目。茲就最新平潭島發展情勢分析如下：

**1. 現階段平潭綜合實驗區發展情況**

（1）原定2013年平潭要宣稱要進行封關，但因海關監管細則尚未出台，加上封關作業成本巨大，以致拖延至今，2014年二月作者曾至平潭調研，根據福建省官員表示：「平潭曾經列過一張表格，57%到60%的項目都取決於封關，不封關它沒有辦法做」。因此2014年初平潭管委會就信誓旦旦，必須要在今年內完成封關作業，平潭在確實2014年7月15日正式封關運作，至於小額貿易市場預計則於6月17日正式開幕。

（2）平潭綜合實驗區官員指出，自2011年開始至今平潭已經經過三年建設，共投入1500億元人民幣進行基礎建設，2014年預計是420億，整個十二五規劃是2500億元用於平潭。目前正在興建北邊第二通道（高鐵與高速公路），完成後福州至平潭僅要30-40分鐘，萬噸商船停靠碼頭也將於上半年投入使用。軟體部分，平潭海洋大學、與三家大型醫院都在進行中。至2013年底，

共有135家台商到平潭註冊，註冊金額30億人民幣（尚未到位），目前在平潭的台商主要以中小企業為主，人數約百餘人。2014年以後登記註冊台商稍有增加，單就2014年6月底前就增加84家，此與平潭小貿商城開幕有關，截至2014年底，平潭外資企業共348戶，外商直接投資2.15億美元，註冊資本10.4億美元，其中台資企業佔278家，占外資企業74%。[4]與其他台灣投資密集區比較，平潭顯然未獲台商青睞。

（3）目前台商們在平潭仍無重要商機可言，大都仍在「苦撐待變」中，人數大約百餘人，主要以中小企業為主，大都著眼「卡位」，期待平潭政策發酵，部分台商採取先註冊後觀望的態勢。整體而言，平潭台商除少數經營房地產之外，一般都處於慘澹經營階段，主要原因包括：平潭特殊政策長期大都實停留在「口惠實不至」階段、就醫、就學生活機能不方便，平潭與台灣文化語言差異大、當地貸款限制仍多，以及兩岸產業尚未對接等等，不少台商早已鎩羽而歸，例如「台灣夜市美食廣場」台商小販曾努力經營，雖然台商曾咬牙力撐，仍難敵大環境未見起色而關門。

（4）作者2014年前往平潭調研時，當地實驗區官員與當地台商都認為，今年平潭商機要從小貿市場交易開始。平潭實驗區官員表示，於鄰近澳前碼頭附近小貿商城38棟建築物外觀已經完成，目前正在隔間設計中，當時正爭取今年六月可以對外營運，正式營運前平潭

---

[4] 作者2015年2月前往福州、平潭調研座談時，訪談學者與官員所獲得之最新數字。

實驗區將組團將至台灣進行招商（目標是台灣農漁會）。小貿市場免稅經營項目有六大類，其中四大類項目與廈門大嶝大同小異，但多了兩類可以經營：一是紡織服裝、二是醫藥品類（詳如表6-2）。平潭小貿商城已順利開幕營運，被中共官員宣傳是平潭對台經濟對接的重要里程碑。然而，也有部分台商私下認為小貿商城承租到的房間攤位都是「毛胚房」，雖然第一年免租金，但承租人需要自行裝潢，考量人流與承租期限仍有變數，有意願的台商仍擔心有風險，因此並未出現積極搶租現象。

（5）至於小貿市場主要仰賴至平潭的大陸遊客購買，除了平潭遊客有明顯季節性之外，要有穩定人流客源，要待平潭至福州高鐵完成仍須時五年。目前平潭經營台灣商品免稅商品的小貿商城已經開幕，但目前參與店家僅170家，其中僅50家為台灣人所成立，其餘120家為大陸人所開設，去年2014年約半年的營業額為6163萬人民幣，接待遊客16萬人次，其中含大陸店家透過「螞蟻搬家」，自小貿商城批發貨至平潭外面市場或至外省市販買。而小額貿易商城共興建38棟，其中僅一棟的一半樓層出租使用，小額商品招商成效甚為有限。小貿商城免稅品類六類商品範圍尚未完全開放，根據福州學者伍長南指出，下一波將鎖定「三品一械」：食品、化妝品、藥品與醫療器械等擴大開放，以增加小商品交易商機，吸納更多台商來平潭經營。

表6-2：平潭對台小額商品交易市場商品經營範圍

| 類別 | 項目 |
|---|---|
| 糧油食品類 | 糧油製品、食用動物及其產品、食用植物及其產品、水產品、食品製成品。 |
| 土產畜產類 | 茶葉、咖啡、可可、香調料及香料油、山貨、畜產品、菸類。 |
| 紡織服裝 | 紡織品、絲織品、服裝。 |
| 工藝品類 | 陶瓷、地毯及裝飾掛毯、工藝品。 |
| 醫藥品類 | 中成藥、藥酒。 |
| 輕工業品類 | 家用電器、箱包及鞋帽、文體用品、日用五金器皿、鐘錶、家具、日用雜品、紙品。 |

圖6-1：平潭小額貿易免稅商城陳列台灣商品吸引大陸遊客購買，
2014年下半年銷售額達六千萬人民幣。

（四）現階段平潭發展面臨挑戰與困難為何？

1. 缺乏完整的制度頂層設計

　　廈大台研院經濟所長唐永紅認為「海西區」的「平潭島」規劃或是廈門的「綜合配套改革試驗區」（簡稱：綜改區）規劃至今「成效不彰」，主是缺乏「頂層設計」，主要原因包括：一、缺乏完整配套的「特區立法」，中央政府才有「先行先試」授權的權限，沒有中央政府主導與授權，地方政府不敢做；二是缺乏

相關推動的「領導機構」，地方政府必須持續與中央政府博奕（地方政府向中央政府各機關協調的跑步運動），以及周邊省份整合協調難以進行。因此現階段出台政策規劃，往往出現細部政策落實緩慢，部分政策不具操作性。目前整個海西區進度就是在地方政府可以在「操之在我」的硬體建設有進展，但目前地方政府在政策決策並沒有太多授權，導致成效不彰。

此外，部分廈門學者與官方研究機構私下抨擊，「平潭、廈門」大都是泛政治思考，例如狹隘的園區思想，認為有園區就會有產業聚落，在翔安範圍設立台商投資區，在平潭設立實驗區，都是這是部門利益的本位思考，不按經濟規律辦事，到頭來又回到原點。「海西區」規劃具有補償「福建」落後發展以及考量「兩岸關係」發展的雙重特性，而平潭不具有最佳區位優勢條件，只是一種政治平衡考量、忽略經濟邏輯，平潭開發必須付出極大的機會成本與時間成本，平潭島計畫基本上是「在不太合適的地方，做正確的事」。

## 2. 2014年平潭對台工作新重點

年初以來平潭積極落實「境內關外」特殊監理機制頗具效率，平潭特區有兩項重要政策目標相繼宣佈啟動，包括：一是6月17日完成平潭小額貿易商城的開幕營業，二是7月15日完成平潭的封關運作，這兩項政策逐步落實，對平潭特殊優惠政策助益不小，平潭優勢將逐漸顯示，對台吸引力也將可望逐步強化，值得持續關注。

7月15日平潭封關無疑是重要的里程碑，平潭將按「一線放寬、二線管住、人貨分離、分類管理」的分線管理模式，與生產有關的貨物分別從境外、區外進入平潭可依據貨物清單分別享受

免稅或保稅、退稅政策；進口貨物在二線、出口貨物在一線執行特殊的貿易管制政策。目前所謂「平潭封關」仍是以貨運物流為主，人流部分尚未執行，在政策效益上是將平潭轉變成「保稅區」，離要達成「自由貿易區」境界尚有距離。

在小額貿易方面，小貿商城38棟閩南建築十分壯觀已正式開幕，攤位容量驚人，若五年後配合福州高鐵完工，可望帶來豐沛人潮，屆時小貿商城對台灣農漁特產業業者將具較強的吸引力。平潭島內居民和遊客在小貿商城購買六大類商品，享受每人每日6000原人民幣購物總額內免稅優惠。

### 3. 平潭優惠政策對台灣產業、人才及一般民眾磁吸效果為何？

作者曾赴平潭調研時，當時國台辦派駐平潭代表坦言，「就市場考量而言，平潭先別來，實實在在的說，要有商機至少3年時間來醞釀，但平潭基礎建設採高標準、高起點來規劃設計，如地下管溝設計是以50年的規劃，等平潭建設一切完善後，將可以在24小時內將貨輸送到大陸中西部，將可實現以海運成本實現空運的價值，未來平潭優勢將無可限量。」以目前而言，台灣知名上市櫃公司赴平潭投資業者仍屬鳳毛麟角，目前已知有台達電、宸鴻（F-TPK）、遠雄建設等，這些公司進駐平潭都是象徵性，也都淪為平潭對台宣傳的樣版，按實際投產佔比仍微不足道，對台招商真正成效相當有限。

曾多次接受筆者訪談的平潭台商會長李雲輝表示，「平潭台商日子很苦，醫療與交通不方便（連碼頭都未建好）、優惠措施細則沒有落實、但他鼓勵大家來，這是因為將來會很好」。目前常住平潭的台商約百餘人，大都只圖先註冊卡位，尚未完全營業，資金更沒有到位。除土地開發商李雲輝、李雲超兄弟之外，

基本上平潭台商們大都處於「苦撐待變」局面，但都懷抱著對未來平潭未來會更好的美好遠景。因此，平潭台商圈出現有趣的現象，一方面大家叫苦連天抱怨連連，但又鼓勵大家一起來投資的奇異人文景象。

### 4. 平潭實驗區招募台灣人才出任實驗區管委會職務

　　有關台灣人才來平潭擔任實驗區職務問題，平潭實驗區的相關官員表示，「基本上尊重台灣法令不去挑戰，強調目前實驗區內副主任與台灣籍11位幹部都不是大陸公務員，沒有醫保、社保與退休金，是聘請專才，參照台灣薪資，目的是為台商服務。聘任程序是採公開應聘方式，包括筆試、面試程序後，錄取第一名。因吸引台灣人在實驗區任職，實驗區內部官員薪水出現不同酬現象，台幹年薪50到60萬元，但大陸幹部只有10萬元。平潭招聘台灣人才在平潭任職是平潭的特點，但一開始確實沒有注意到台灣法規的限制，台灣方面若早提到就不會單方面行事，更加凸顯兩岸溝通的重要性。」

　　但是，平潭綜合實驗區有計畫公開招募台灣人才赴平潭擔任管理與專業職務，其中相關職務皆隸屬政府機關，薪資也來自政府機關預算，明顯有抵觸台灣「台灣地區與大陸地區人民關係條例」第三十三條、第三十三條之一。

　　因此，前往平潭任職實驗區所公開招聘職務，若沒有經由台灣政府許可，恐有觸法之疑慮，包括參與共同規劃的中興顧問公司、目前已於去年底到職擔任「平潭綜合實驗區」台灣人副主任梁秦龍等11人，都可能涉及觸法之嫌。

　　平潭高調公開招募台灣人才舉動，目前大陸政府雖已清楚抵觸台灣法律制度，準備將平潭綜合實驗區招募人才機構轉化為「公司

型態」，並強調這些台灣人才並非是大陸公務員。另有主張希望透過兩岸協商解決，如國台辦經濟局副局長就主張兩岸應透過ECFA協商，或是服務貿易協商，來解決台灣人才到平潭就業的問題。

## 二、兩岸次區域合作的機會與挑戰

### （一）兩岸次區域合作的趨勢與機會評估

　　台灣為突破區域主義（regionalism）的封鎖，以新區域主義（new-regionalsim）或次區域主義（sub-regionalism）進行突圍，將是一項值得努力的嘗試。兩岸雖有次區域合作的優勢互補潛力，海西區對台灣各次區域經濟合作都有推動的潛能。但海西區的政治目的與企圖往往會削減台灣政府合作積極性，例如平潭綜合實驗區對台灣政治意圖針對性過高，反而激起台灣方面的高度警覺與防備。

　　因此若以觀察指標評估的話，兩岸次區域合作關鍵仍在於「中央政府」的態度上，北京對台次區域合作若減少並降低對台政治意圖的針對性，台灣在區域整合已受盡北京無情的政治打壓下連累的經濟生存發展，如今又在次區域合作上有設下政治陷阱與地雷，如何使台灣中央政府願意配合兩岸次區域發展，台北中央政府面對大陸區域、次區域政治安排，也會不願意下放大陸事務職權交給地方政府。

　　在「地方政府」層次，兩岸的地方政府對發展次區域合作都具有高度的積極性，但在中央政府嚴密控管兩岸事務上，地方政府在推進次區域合作上往往必須由中央政府同意為前提，以金門、馬祖為例，金門地區對於參與「海西區」具有高度積極性，並提出多項具體建議如通水、通電、通橋，以及促進產業合作與旅遊合作等建議，但台北中央同意與接受部分卻相當有限，台灣方面對兩岸次區域合作形成「中央冷、地方熱」格局。

　　在「國際機構部分」，兩岸事務中國政府向來反對國際勢力介入，因此與其他沿邊次區域合作不同，在涉及「一國兩制」概念的「海西區」次區域合作與「粵港澳合作框架」，北京都排除國際機構介入，也使得次區域合作缺乏國際機構的引導與媒介，失去加速發展次區域合作的動力。也引發台灣政府是否要配合兩岸次區域合作的質疑。

　　至於「企業」的指標，無論參與方中央與地方政府配合次區域合作程度如何，企業的投入，包括資金、技術、人才投入的多寡才是次區域合作最後成敗的關鍵標準。以「平潭綜合實驗區」而言尚難稱為成功案例，整個「海西區」也只有「廈門島」尚稱較為成功的案例。

## （二）未來平潭發展對台灣影響與挑戰

　　無論是北京、廈門、福建官員與學者都密切注意台灣政府即將要出台的「經濟自由示範區」規劃，期待透過兩岸的特區規劃，發展兩岸次區域經濟合作的機會，倡議兩岸特區相互對接合作，會產生「一加一遠遠大於二的效果」。因此，目前大陸內部積極鼓吹兩岸的學者與政府官員應就「兩岸特區合作」議題合辦研討會共同研究。此外，平潭綜合實驗區最近特別關切台灣自由經濟示範區的立法與規劃進度，期望能參照台灣制度，透過平潭來發揮兩岸對接合作的效果。因此，針對中方十分熱衷推動「平潭綜合實驗區」與台灣「自由經濟示範區」對接事宜的企圖心，日後是否會形成「兩岸特區」或「兩岸先行先試區」，模糊台灣與大陸的國境管理與區別，長遠地進而影響台灣政治、經濟與社會，值得政府重視，未雨綢繆。茲將平潭對台影響進一步評估試析如下：

## 1. 平潭自貿區與台灣自經區對接合作政策

　　平潭全島封關後運作後，將逐漸成為大陸最大的自由貿易區域，大陸國務院賦予平潭28項特殊優惠政策正在逐步落實中，尤其是ECFA服貿協議賦予福建15項先行先試政策，這是平潭與台灣自經區對接合作創造良好契機與基礎，平潭將以台灣自經區示範區為參照體系，爭取與台灣自經區類似的更大自由度的經濟開放政策，推進類似「前店後廠」運作模式來增加平潭的實力與帶動作用，以強化平潭在兩岸關係的特殊地位。而平潭島進展緩慢的問題涉及因素很多，主要是機制體制的問題，沒有特別立法或立法授權，造成頂層設計不足。若領導人改變，是否仍受到政府重視，則易受關注與質疑。但大體而言，平潭仍具有後發優勢、政策優惠與政府決心等三大優勢，這是其他地方所望塵莫及。

　　去年6月平潭已經完成小貿商城開幕營運，以及7月16日正式封關進行海關特殊監理，初步完成全島電子圍網信息化監管，預計3月自貿區掛牌後，對外更具有吸引力。

## 2. 爭取將平潭與台灣自經區合作納入兩岸ECFA協商議題

　　在兩岸服貿協議中已賦予平潭與福建地區十餘項兩岸服務貿易先行先試政策的基礎上，未來將再進一步推動兩岸「特區與特區」對接合作的各種項目，中國大陸亟可能繼續在ECFA協議架構，提出平潭與台灣的經濟合做事項，我政府宜審慎評估，兩岸透過ECFA協議討論平潭與台灣經濟合作，台灣很可能會陷入中方平潭「五個共同」宣傳：「共同規劃、共同開發、共同管理、共同經營、共同受益」而難以澄清。

### 3.因應平潭對台「國民待遇」措施的衝擊

平潭宣傳定位為「兩岸共同家園」，具有「五個共同」特色的兩岸合作交流示範實驗區，其能成功運作必須有個大前提，就是出現台灣人聚集的社區出現，否則沒有足夠的台灣社區參與，平潭所謂「兩岸共同家園」與「五個共同」都不可能有操作的空間，平潭建設與形象也經不起時間的檢驗。

因此，為了加強並擴大與台灣之間的合作交流，未來平潭勢必以各種「國民待遇」優惠措施吸引台灣人到平潭發展，以體現兩岸「共同家園」形象。為建立台灣社區，平潭當局勢必持續推動各項兩岸「國民待遇」優惠措施，吸引更多台灣人移居平潭。目前平潭仍處於基礎建設階段，吸引力尚且不足。未來在全島封關進行特殊監理基礎上，形成東亞最大的自由貿易特區，成為各界焦點後，將陸續釋出一系列的對台「國民待遇措施」，包括：擴大台灣專業證照可在平潭執業、爭取成立台灣醫療院所設有健保門診、允許台車登島入閩、台灣各項服務產業優先市場准入、招攬台灣農漁會設立免稅商城、持續公開招攬台灣人才參與平潭建設開發、邀請台灣高校參與平潭海洋大學合作辦學教學、以及核發新的入境身分證等國民待遇化措施，因此建議政府，面對平潭封關後，中共亟可能陸續推動兩岸「國民待遇化」新政策，其可能衍生對我法制與政策造成一連串衝擊，宜盡早加以研析因應，否則屆時只能被動因應，而致進退失據。

### 4.對平潭自貿區的挑戰與質疑

2015年平潭自貿區即將成立，現階段規劃為分成三塊高新技術產業區、港口經貿區以及旅遊休閒區，以目前發展程度並不被

看好，根據作者2015年2月平潭調研初步心得如下：首先「港口
經貿區」，目前平潭並沒有貨物流量與集裝箱數量的統計（從未
有集裝箱在平潭落地），欠缺產業基礎發展，其進出口的效益評
估很難樂觀，目前屬於大企業的冠捷與辰鴻會運用平潭進出口的
動靜很小。而且鄰近福清市江陰港也被納入福州自貿區範圍，江
陰港與平潭金井作業港口區僅十餘公里，未來可能出現競爭局面。

其次，「旅遊休閒區」，這次被納入「旅遊休閒區」的中國
自貿區有平潭與橫琴，平潭要成為國際旅遊島，如夏威夷與濟州
島，以目前平潭的旅遊資源、國際化程度，以及從業人口結構考
量，要成功的機率並不大。

至於，「高新技術產業區」雖然平潭標榜企業所得稅僅15%
的稅收優惠，但是沒有生產或因沒有賺錢，真正適用的企業可說
是幾乎是沒有。加上人才嚴重不足，且高校還正在籌劃中，短期
內仍不易吸引廠商進駐。

圖6-2：中國大陸對台次區域合作的主要示範基地——平潭綜合實驗區

# 參考書目

## （一）西文資料

Aligica, Paul (2002), "Geo-Economics as a Geo-Strategic Paradigm: An Assessment", *American Outlook Today*, Hudson Institute, August 9, p2.

Amin, A. (1999), "An institutionalist perspective on regional economic development", *International Journal of Urban and Regional Studies*, (2), 365-378.

Balassa, Bela (1961), *The Theory of Economic Integration* (by Richard D. Irwin, INC. Homewood, Illinois).

Brooks, Stephen G. (2005), *Producing Security: Multinational Corporations, Globalization, and the Changing Calculus of Conflict* (Princeton University press).

Cronin, Richard and Hamlin, Timothy (2012), "Mekong Turning Point: Shared River for a Shared Future", The Herry L, Stimson Center, p49.

David N. Balaam and Bradford Dillman, 2011, "Introduction to International Political Economy", fifth Edition, *Pearson Education*, Printed in USA.

Deutsch, Karl W. (1953), *Nationalism and Social Communication* (Cambridge, Mass.: MIT press).

Don, R. Hoy, ed., *Geography and Development: A World Regional Approach* (New York: Macmillan Publishing, 1978).

Evans, Peter(1995),"Embedded Autonomy: State and Industial Transformation", (Princeton: Princeton University Press, US).

G. Shabbir Cheema, Christopher A. McNally and Vesselin Popovski Edited (2011), "Cross-Border Governance in Asia: Regional Issues and Mechanisms", (New York: UN Universary Press).

Goldstein, Harvey (1992), "East Asian Executive Reports: Batam and the Growth Triangle: Taking a Regional Approach to Economic Development", Washington: *Law, Business, and Economics—International Commerce*, P8-12.

Hamilton Tolosa (2003), "The Rio/Saō Paulo Extended Metropolitan Region: A quest for global integration", Rio de Janeiro, Brazil, Singapore, *The Annals of Regional Science*.

Hass, Ernst B. (1958) *The Uniting of Europe: Political, Social and Economic Forces* (Stanford: Stanford University press).

Hass, Ernst B. (1961), "International Integration: The European and the Universal Process", *International Organization*, 15 (4): 366-392.

Hass, Ernst B. (1964), *Beyond the Nation-State: Functionalism and International Organization* (Stanford: Stanford University Press).

Hass, Ernst B. (1975), "The Obsolescence of Regional Integration Theory", *Research Series*, No.25, Institute of International Studies, University of California, Berkeley

Lee, Tsao Yuan (1991), "Growth Triangle: The Johor-Singapore-Riau Experience", Singapore: *Institute of Southeast Asian Studies*.

Luttwak, Edward N. (1993), *The Endangered American Dream: How to stop the United State from Becoming A Third World Country and How to Win the Geo-economic Struggle for Industrial Supremacy* (New York: Simon and Schuster).

Machlup, Fritz (1977), "A History of Thought on Economic Integration". New York: Columbia University Press.

Milne, R. S., (1993) "Singapore's Growth Triangle," *Round Table*, No.327 (July), pp. 291-303

Min Tang and Myo Thant (1998), "Growth Triangles: Conceptual and Operational Considerations," *Growth Triangles in Asia: A New Approach to Regional Economic Cooperation*, eds. Myo Thant, Min Tang, and Hiroshi Kakazu, Second Edition (Hong Kong: Oxford University Press), 33-4

Myo Thant, Min Tang, and Hiroshi Kakazu Edited (1998), "Growth Triangles in Asia: A New Approach to Regional Economic Cooperation", (New York: Oxford University Press).

Nye, Joseph S.(1971), Peace in Parts: Integration and Conflict in Regional Organization (Boston : Little Brown)

Peters, B. Guy (1999), *Institutional Theory in Political Science: the New Institutionalism* (London, New York: Pinter press).

Rousseau, James (1995), "Governance in the Twenty-First Century", *Global Governance,* (1):26.

Sasuga, Katsuhiro (2004), *Micro-regionalism and Governance in East Asia* (New York: Routledge).

Scalapino, Robert A (1989), "Pacific-Asian Economic Policies and Regional Interdependence": Institute of East Asian Studies, University of California

Scalapino, Robert A. (1999), "Challenges and Potentials for Northeast Asia in the Twenty-First Century" in Regional Economic Cooperation in Northeast Asia, North East Economic Forum, Honolulu, Hawaii

Smith, Shannon L D (1997), "The Indonesia-Malaysia-Singapore growth triangle: A political and economic equation", Indonesia, Malaysia, Singapore, Australian Journal of International Affairs, P369-382

Soderbaum, Fredrik and Shaw, Timothy eds., *Theories of New Regionalism* (New York: Palgrave Macmillan, 2003), pp.22-30.

Strange,Susan(1988), "State and Markets", (London: Pinter Press),pp.12-16.

Strange,Susan(1996), "The Retreat of the State: The Diffusion of Power in the World Economy", (Cambridge: Cambridge University Press, US).

Tanner, Murray Scot (2007), "Chinese economic Coercion against Taiwan: A tricky weapon to use", (Conducted in the RAND National Defense Research Institute, Published by RAND Corporation, CA).

Wade, Robert (1990), "Governing the Market: Economic Theory and the Role of Government in East Asian Industialization", (Princeton: Princeton University Press, US),pp.26-28.

Wallerstein, Immanuel(1979),"The Capitalist World-Economy:Essays", (Cambridge: Cambridge University Press, US), pp.16-19.

## （二）中文專書

王正毅，2010，《國際政治經濟學通論》，北京：北京大學。

王振寰、湯京平、宋國誠，2011，《中國大陸暨兩岸關係研究》，台北：巨流。

王樹春，2007，《經濟外交與中俄關係》，北京：世界知識出版社。

包宗和、吳玉山等學者，2010，《重新檢視爭辯中的兩岸關係與理論》，台北：五南。

吳新興，1995，《整合理論與兩岸關係之研究》，台北：五南出版社。

宋興洲，2005，《動態的東亞經濟合作：理論性爭辯與實踐》，台北：鼎茂。

李義虎，2007，《地緣政治學：二分論及其超越：兼論地緣整合中的中國選擇》。北京：北京大學。

李閩榕、王秉安，2011，《海峽經濟區發展報告（2010）平潭綜合驗區》，北京：社會科學文獻出版社。

阮宗澤，2007，《中國崛起與東亞國際秩序的轉型：共有利益的塑造與拓展》。北京：北京大學。

周建新，2002，《中越中老跨國民族及族群關係研究》，北京：民族出版社。

周建新，2008，《和平跨居論》，北京：民族出版社。

邱垂正，1999，《過渡期中共對香港主權轉移之運作模式分析》，台大國發所碩士論文。

邱垂正，2008，，《兩岸和平三角建構》，台北，秀威資訊，4月。

邱垂正、張仕賢，2014a，《海峽西岸經濟區與粵港澳合作框架綜論》，台北，獨立作家，8月。

倪世雄等學者，2005，《當代西方國際關係理論》，上海：復旦大學。

唐永紅，2007，《兩岸經濟一體化問題研究：區域一體化理論視角》，廈門：鷺江出版社。

唐國忠，2009，《海峽西岸經濟區讀本》，福州：福建人民。

徐斯勤、陳德昇，2011，《東亞區域經濟整合與ECFA效應——台韓商大陸市場競合與挑戰》，台北：印刻文學生活雜誌。

耿曙、舒耕德、林瑞華，2012，《台商研究》，台北：五南。

馬元柱、曾建豐，2003，《閩澳台經貿合作現況與前景展望》，香港：中國評論。

高希均、李誠、林祖嘉，2006，《兩岸經驗20年——1986年以來兩岸的經貿合作與發展》，台北：天下遠見。

張鴻，2006，《區域經濟一體化與東亞經濟合作》。北京：人民出版社。

戚文海等著，2006，《東北亞經貿合作全方位研究》。北京：社會科學文獻。

梁秦龍，2010，《中國區域經濟概論》，台北：楊智。

陳德昇等學者，2011，《經濟全球化與台商大陸投資：策略、佈局與比較》，台北：印刻。

童振源，2009，《東亞經濟整合與台灣的戰略》，台北：政大出版社。

黃速建、李鴻階，2011，《平潭綜合實驗區開放開發研究》，北京：經濟管理出版社。

福建省平潭綜合實驗區管理委員會，2014，《兩岸共同家園-平潭綜合實驗區概覽》，平潭綜合實驗區管理委員會印製。

福建省發展與改革委員會，2012，《平潭綜合實驗區總體發展規劃解讀》，福州：海峽文藝出版社。

劉國棟，2008，《全國經貿簡報》，台北：允晨文化。

劉稚主編，2013，《大湄公河次區域合作發展報告（2012-2013）》，北京：社會科學文獻出版社。

蔡東杰，2007，《東亞區域發展的政治經濟學》，台北：五南。

盧光盛，2012，《地緣政治視野下的西南周邊安全與區域合作研究》，北京：人民出版社。

何景榮譯，2002，《新制度主義政治學》，譯自Jan-Erik Lane、Svante Ersson所著The New Institutional Politics:Performance and Outcomes，台北：韋伯文化。

## （三）期刊論文

王元偉，2011，〈跨境經濟合作區發展戰略研究〉，時代金融（昆明），第7卷第450期，4月，頁4。

王家英，1996，〈香港如何成為「東方明珠」——地緣經濟因素的考察〉，《歷史月刊》，102期：頁58-63。

王振寰，1997，〈跨國界區域經濟形成的統理機制：以台灣資本外移南中國為例〉，《台灣社會研究》，27期：頁1-36。

王海燕，2012，〈中國與周邊國家區域經濟合作的機制創新探討〉，《新疆師範大學學報（哲學社會科學版）》，第33卷第4期：16-21。

王勝今、王鳳玲，2003，〈東北亞區域經濟合作新構想〉，《東北亞論潭》，45期，頁3-8。

石正方，2011，〈海西"兩岸經貿合作緊密區域"建設相關問題研究〉，《台灣研究集刊》，第114期，頁26-35。

吳榮義，1998，〈亞洲次區域成長區雙贏的啟示——談台灣與沖繩經濟合作關係〉，《台灣經濟研究月刊》，21卷3期，頁104-110。

宋炎、王秉安、羅海成，2011，《平潭綜合實驗區兩岸合作共建模式研究》，北京，社會科學文獻出版社。

李玉潭、龐德良，2000，〈東北亞區域經濟合作新構想：關於建立中、日、韓緊密型經濟合作體的探討〉，《東北亞論潭》，4期，頁6-8。

李鴻階、單玉麗、林在明，2010，〈區域經濟合作模式對平潭綜合實驗區的借鑒意義〉，《亞太經濟轉型與海峽西岸經濟區發展學術研討會》論文集，福州，11月21日，福建省社科院，福建省對外經濟關系研究會主辦。

李鐵立、姜懷寧，2005，〈次區域經濟合作機制研究：一個邊界效應的分析框架〉，北京，《東北亞論潭》，第14卷第3期。

沈國兵，2013，〈上海自由貿易試驗區建立對中國經貿發展的影響〉，《社會科學家》（上海），第12期，總200期，頁61-68。

河凡植，2012，〈中國對朝鮮半島地緣經濟戰略與其對中國與南北韓關係之影響〉，《中國大陸研究》，55卷（1期）：頁41-70。

邱垂正，2003，〈WTO下中共對台「經濟吸納」的建構與部署〉，台北，《國防政策評論》，第3卷，第3期，頁4-23。

邱垂正，2005，〈兩岸非正常化經濟整合關係之省思與挑戰〉，台北，展望與探索，11月，頁18-38。

邱垂正，2011，〈現階段兩岸和平整合的評估與建構——以「三角和平論」觀點分析〉，《國立金門大學學報》第一期，3月。

邱垂正，2012，〈兩岸和平發展制度化的因素探討〉，發表於兩岸和平發展制度化學術研討會，台大國發所主辦，9月22-23日。

邱垂正，2014b，〈中國大陸次區域戰略構想與運作模式一以「海峽西岸經濟區」為例〉，台北，《展望與探索》，第12卷第9期，9月，頁76-95。

邱垂正，2015，〈現階段兩岸政治互動的價值障礙〉，台北，《國立金門大學學報》，第5期，3月，頁4。

封永平、姚志鵬，2009，〈中亞地緣政治經濟博奕與中國的戰略選擇〉，《上海商學院學報》，上海，第10卷第6期，11月，頁36-39。

胡志丁、駱華松、熊理然、張偉，2011，〈次區域合作研究方向的變遷及其重新審視〉，《人文地理》，第1期總第117期，頁61-65。

范世平，2005，〈中國大陸旅遊外交政策之研究〉，《中國大陸研究》，第48卷第2期，6月，頁61-97。

耿慶武，2000，〈中國大陸區域經濟發展〉，《中國大陸研究》，43卷（8期）：頁47-67。

馬博，2010，〈中國跨境經濟合作區發展研究〉，雲南民族大學學報（昆明），第1期（2010年7月），頁117-118。

張玉新、李天籽，2012，〈跨境次區域經濟合作中我國沿邊地方政府行為分析〉，東北亞論壇（北京），第4期（7月），頁77-84。

曹小衡，2013，〈中國大陸次區域經濟合作發展戰略與政策觀察〉，收錄於林佳龍等著，《打破悶經濟——新區域主義的動力學》，頁124-143。

許志嘉，2007，〈中國新睦鄰外交政策：戰略意涵與作為〉，《遠景基金會季刊》，8卷（3期）：頁43-90。

黃載皓，2012，〈無邊界的世界？東亞次區域運動中的國家角色〉，《全球政治評論》，第37期，頁159-173。

董銳，2009，〈國際次區域經濟合作的概念演進與理論研究綜述〉，《呼倫貝爾學院學報》，第17卷第五期，10月，頁21-26。

趙永利、魯曉東，2004，〈中國與周邊國家的次區域經濟合作〉，《國際經濟合作》，北京，第一期。

劉忻，1991，〈成長三角計畫與巴潭島投資慨況介紹〉，《台灣經濟研究月刊》，14卷11期，頁99-102。

劉國深，2012，〈平潭綜合實驗區與兩岸區域合作實踐〉，《亞太區域發展暨城市治理論潭》閉門學術研討會論文集，上海，上海交通大學國際與公共事務學院主辦，8月14日，頁80-85。

蔡東杰，2010，〈東南亞微區域機制發展〉，《台灣東南亞學刊》，7卷2期，頁86-109。

蔡東杰、劉泰廷，2011，〈微區域主義與大圖們江計畫之發展〉，《全球政治評論》，第三十五期，頁143-160。

魏海斌、楊淳瑛，2002，〈90年代印尼巴淡島的經濟飛騰及啟示〉，《中共寧波市委學校學報》

邊永民，2010，〈大湄公河次區域環境合作的法律制度評論〉，《政法論壇》，第28卷第4期，頁147-153。

Do觀點24　PF0158

# 中國大陸對台灣次區域合作的戰略與政策
## ——以「平潭綜合實驗區」實徵研究為例

作　　者／邱垂正
責任編輯／廖妘甄
圖文排版／楊家齊
封面設計／楊廣榕

出版策劃／獨立作家
發　行　人／宋政坤
法律顧問／毛國樑　律師
製作發行／秀威資訊科技股份有限公司
　　　　　地址：114 台北市內湖區瑞光路76巷65號1樓
　　　　　電話：+886-2-2796-3638　傳真：+886-2-2796-1377
　　　　　服務信箱：service@showwe.com.tw
展售門市／國家書店【松江門市】
　　　　　地址：104 台北市中山區松江路209號1樓
　　　　　電話：+886-2-2518-0207　傳真：+886-2-2518-0778
網路訂購／秀威網路書店：https://store.showwe.tw
　　　　　國家網路書店：https://www.govbooks.com.tw

出版日期／2015年5月　BOD一版　定價／270元

|獨立|作家|
Independent Author

寫自己的故事，唱自己的歌

中國大陸對臺灣次區域合作的戰略與政策：以「平
潭綜合實驗區」實徵研究為例 / 邱垂正著.
-- 一版. -- 臺北市：獨立作家, 2015.05
面；　公分. -- (Do觀點24；PF0158)
BOD版
ISBN 978-986-5729-68-4 (平裝)

1. 區域經濟　2. 區域整合　3. 中國　4. 臺灣

552.2                                          104002647

國家圖書館出版品預行編目

# 讀者回函卡

感謝您購買本書，為提升服務品質，請填妥以下資料，將讀者回函卡直接寄回或傳真本公司，收到您的寶貴意見後，我們會收藏記錄及檢討，謝謝！
如您需要了解本公司最新出版書目、購書優惠或企劃活動，歡迎您上網查詢或下載相關資料：http:// www.showwe.com.tw

您購買的書名：＿＿＿＿＿＿＿＿＿＿＿＿＿＿＿＿＿＿＿＿＿＿＿
出生日期：＿＿＿＿＿年＿＿＿＿＿月＿＿＿＿＿日
學歷：□高中 (含) 以下　　□大專　　□研究所 (含) 以上
職業：□製造業　□金融業　□資訊業　□軍警　□傳播業　□自由業
　　　□服務業　□公務員　□教職　　□學生　□家管　　□其它＿＿＿＿
購書地點：□網路書店　□實體書店　□書展　□郵購　□贈閱　□其他
您從何得知本書的消息？
　　□網路書店　□實體書店　□網路搜尋　□電子報　□書訊　□雜誌
　　□傳播媒體　□親友推薦　□網站推薦　□部落格　□其他＿＿＿＿＿＿
您對本書的評價：(請填代號　1.非常滿意　2.滿意　3.尚可　4.再改進)
　　封面設計＿＿＿　版面編排＿＿＿　內容＿＿＿　文／譯筆＿＿＿　價格＿＿＿
讀完書後您覺得：
　　□很有收穫　□有收穫　□收穫不多　□沒收穫

對我們的建議：＿＿＿＿＿＿＿＿＿＿＿＿＿＿＿＿＿＿＿＿＿＿＿

＿＿＿＿＿＿＿＿＿＿＿＿＿＿＿＿＿＿＿＿＿＿＿＿＿＿＿＿＿＿＿

＿＿＿＿＿＿＿＿＿＿＿＿＿＿＿＿＿＿＿＿＿＿＿＿＿＿＿＿＿＿＿

11466
台北市內湖區瑞光路 76 巷 65 號 1 樓
# 獨立作家讀者服務部　　　收

..............................................................................

（請沿線對折寄回，謝謝！）

姓　　名：＿＿＿＿＿＿＿＿　年齡：＿＿＿＿　性別：□女　□男

郵遞區號：□□□□□

地　　址：＿＿＿＿＿＿＿＿＿＿＿＿＿＿＿＿＿＿＿＿＿＿

聯絡電話：(日) ＿＿＿＿＿＿＿＿＿　(夜) ＿＿＿＿＿＿＿＿＿

E-mail：＿＿＿＿＿＿＿＿＿＿＿＿＿＿＿＿＿＿＿＿＿＿